KOGUMAKAI METHOD

久野泰可
经典著作

久野数学法训练秘笈 畅销日本近50年

聪明育儿的75种方法

[日] 久野泰可 | 著

杨本明 庄 莉 | 译

广西师范大学出版社

· 桂林 ·

著作权合同登记号桂图登字:20－2018－223号

图书在版编目(CIP)数据

聪明育儿的75种方法/(日)久野泰可著;杨本明,庄莉译.—桂林:广西师范大学出版社,2021.1
(久野泰可经典著作)
ISBN 978-7-5598-2867-5

Ⅰ.①聪… Ⅱ.①久… ②杨… ③庄… Ⅲ.①学前儿童-思维能力-能力培养 Ⅳ.①G613

中国版本图书馆CIP数据核字(2020)第090269号

聪明育儿的75种方法
CONGMING YUER DE QISHIWU ZHONG FANGFA

出 品 人:刘广汉　　总 策 划:东方小熊
项目编辑:李　梅　　责任编辑:孙　洁
装帧设计:张　猎　李婷婷　　插　　图:王丽君

广西师范大学出版社出版发行
(广西桂林市五里店路9号　邮政编码:541004
网址:http://www.bbtpress.com)
出版人:黄轩庄
全国新华书店经销
销售热线:021-65200318　021-31260822-898
山东临沂新华印刷物流集团有限责任公司印刷
(临沂高新技术产业开发区新华路1号　邮政编码:276017)
开本:890mm×1 240mm　1/32
印张:7.25　　字数:155千字
2021年1月第1版　　2021年1月第1次印刷
定价:39.00元

前言

当听到针对幼儿的“学前教育”一词时，你一般会联想到什么呢？可能许多人会联想到为进入有名的小学而开展的提前教育。于是，有的家长就想当然地认为：“我们家小朋友不打算考名校、做牛娃，所以学前教育与我无关。”……

我从事幼儿教育 48 年，创办“小熊会”也有 33 个年头了[①]。

我一直认为幼儿教育指的就是“学前基础教育”和“事物教育”。我认为“学前基础教育”应该是在进入小学之前所开展的“学习”。而“事物教育”与使用教科书、练习题的学习相比，更重视使用具体的教具开展教学。

此外，我们一直提倡在幼儿期开展“对话教育”，幼儿期是掌握语言的重要时期，要让小朋友通过语言传达自己的想法和心情。

我们“小熊会”把这些也适合在家庭中使用的教育理念纳入教学当中。许多曾经在“小熊会”学习的小朋友都顺利考入了日本名校，因此，不少人可能会误认为“小熊会”开展的是应试教育。

但是，幼儿教育不单单是为了小学学习做准备。

我们为小朋友打好了基础，以免他们在小学的学习当中遭遇挫折，最重要的是我们培养了小朋友“自我思考、自我行动的思维能力”。

---

① 编者注：作者自 1972 年开始从事学前教育，1978 年创办日本幼儿教育实践研究所，1987 年创办“小熊会”品牌。

我在本书中详细讲解了在“小熊课堂”中所开展的教学内容以及我的教育思考，希望更多的家庭能够学习使用。我们所期待的幼儿教育，不唯特殊的教育方法，不唯特殊的教学用具。家长们稍微用心一下，就可以把日常生活变为教育现场。

我衷心希望越来越多的小朋友和家长通过本书了解学习的乐趣。

日本幼儿教育实践研究所（小熊会）创始人
久野泰可

目录

方位描述

认识图形

数字概念

语言表达

其他：分类问题

Step2

自然测量

方位描述

认识图形

数字概念

语言表达

其他：理科类常识

Step3 自然测量

方位描述

认识图形

数字概念

第1章

幼儿教育与父母的担忧

5 岁之前的教育可能会决定小朋友的一生

在全世界备受关注的幼儿教育

实践主动接触事与物的“事物教育”以及“对话教育”，才是培养觉得“学习真有意思”的孩子的秘诀。

5 岁之前的教育可能会决定小朋友的一生——

诺贝尔经济学奖获得者美国人詹姆斯·赫克曼教授的这一理念广为流传，如今幼儿教育在全世界都备受瞩目。

即便是日本，在对于解决留守儿童问题以及幼儿教育义务化的争论中，认为必须提高幼儿教育质量的意识也日趋高涨。但是，到底要以什么作为幼儿期基础教育的课题呢？

根据日本文部科学省[①]修订的教育纲要，提倡实践考虑到衔接小学的幼儿教育，但是当下并没有切实的提议。

所谓幼儿教育，我认为并非是将小学阶段的文化课学习内容简单化，并先行一步教给孩子，而应该思考支撑文化课学习的基础学习是什么，并与孩子们的发育结合。一言以蔽之，就是为了使孩子掌握日后学习的基础，即“思考能力”，继而实践“事物教育”与“对话教育”。切不可急于求成，形成单单是为了教而教的教育。

① 编者注：日本文部科学省（英文简称 MEXT）是日本行政机构之一，负责统筹日本国内教育、科学技术、学术、文化及体育等事务。

提到幼儿教育，想必不少人认为仅仅是“尽早开始读写与计算等，迈入文化课的学习”。但“读写与计算”等“文化课”的学习对于幼儿期的孩子来说依旧“为时尚早”。

为了让孩子进入小学后能顺利适应文化课的学习，从幼儿期开始通过游戏，实践主动接触事与物的“事物教育”以及“对话教育”，才是培养觉得“学习真有意思”的孩子的秘诀。我将在本书中介绍“秘诀”的具体方法。

与其他小朋友交流很重要

培养小朋友的沟通能力就是培养小朋友“换位思考的习惯”。

小朋友会乐此不疲地把小球收集起来，然后把它们放进袋子里，有时还会用大小不同的杯子取水。从成人的角度来看，这又有什么意思呢！但这正是幼儿时期的特征。

在各种不同形式的玩耍中，小朋友可以学到许多东西。步入小学阶段后，小朋友开始学习知识，玩耍时的经历将帮助小朋友在学习文化课的过程中，更顺利地理解教科书上的知识。

幼儿期的小朋友不是要学习书本上的知识，而是应该从各种生活体验当中学习。其中“同伴间的交流”是最重要的体验。

怎么样才能避免争吵，同小伙伴一起友好地玩耍呢？用什么样的语言表达，才能让小伙伴认同自己想做的事情呢？一起玩同一个游戏时，玩具应该如何分配使用？把小伙伴惹哭了，应该如何应对呢？

玩耍时发生的各种小“状况”会帮助小朋友学习如何处理“人际关系”。在此过程中小朋友锻炼了“沟通能力”。不可否认这是在和父母玩耍的过程中很难学到的。为什么这么说呢？这是因为父母在和小朋友玩耍时，往往会满足小朋友的要求，小朋友也无需动脑考虑“如何让对方也能愉快地玩耍”。

所谓培养小朋友的沟通能力就是培养小朋友“换位思考的习惯”。变换角度思考问题将对日后所有的学习起到至关重要的作用。“换一个角度看问题”，灵活地思考问题，将大幅提升小朋友自身的能力。

如果想要培养聪明的小朋友，那么在小朋友接触到各种教科书之前，首先应该让小朋友多和小伙伴们一起玩耍，让小朋友通过多种体验锻炼沟通能力，这是非常重要的。

语言源自经验

与其只“知道几个单词”，不如让小朋友通过形形色色的体验来掌握这个单词是什么意思，应该在什么场合使用。

毫无疑问，语言是沟通的基础。大多数成年人认为，语言是在不知不觉中自然而然形成的，并未深入思考过关于幼儿主动性语言获得的问题。小朋友从约 1 岁半起，开始进入语言成长的快速发展期，这个时期的小朋友通过各种体验来记忆语言，逐渐地能够熟练运用。因此这个时期最值得关注的是小朋友经历了什么样的体验，从而获得了什么样的语言词汇。

现如今，小朋友的耳边充斥着各种各样的词汇。非常可惜的是当中绝大部分并不是在场的人说出的词汇，而是来源于电视或网络。结果导致小朋友的用词过于成人化。有的小朋友甚至知道一些很难的词。

比如“川”这个词，有的小朋友曾经进入河中，为了不被河水冲走小心翼翼地站在其中；有的小朋友看到流水落叶，为流水的速度所震惊。这些小朋友和从未有过下河经验的小朋友，对于“川”字的理解是截然不同的。

再比如，有的小朋友的父母早出晚归，他们没有机会使用“路上慢一点”“您回来了”这样的日常问候用语。因此，当小朋友回到家里的时候，经常会口误说：“您回来了。”

与其只“知道几个单词”，不如让小朋友通过形形色色的体验来掌握这个单词是什么意思，应该在什么场合使用。在幼儿时期，这是非常重要的。

在日常生活中体验形形色色的场景，不仅是为了让小朋友使用语言，还应该尽可能带小朋友去不同的地方，让他们接触到与日常生活截然不同的体验，在这些体验中学会如何正确使用词汇，这是必不可少的。

不把自己的小朋友与别的小朋友比较

幼儿时期，根据小朋友出生月份的不同，个体间的成长也会产生令人惊讶的差异。

人们常说“不与他人做比较”，可事实上，有多少人能真正说到做到？尤其一涉及小朋友，我感觉到许多家长更是暗暗相互较劲。

“孩子还是别人家的好”，家长们往往容易陷入这个误区。比起发现小朋友的闪光点，家长们则更倾向于关注小朋友不好的地方。之所以会导致这样的现象，源自家长们“望子成龙”的期待。常言道“每个小朋友都有属于自己的闪光点”，但是这句话一旦放到自家小朋友身上，家长们就容易遗忘。

幼儿时期，根据小朋友出生月份的不同，个体间的成长也会产生令人惊讶的差异。不同月份出生，他们的成长有差异，大部分的家长是可以理解的。但是，即使是相同月份出生，也会出现“别人家的孩子会，而我家的孩子不会”的状况，这是很正常的现象。但是家长就觉得好像“自己家的孩子不如别人家的孩子”，于是会坐卧不安。特别是幼儿时期，经常会出现其他小朋友能轻松做到，而自己家的小朋友却做不到的事情。比如：“某某人家的小朋友能识字了。”“某某人家的小朋友连 10 以内的加减法都会了。”家长就会因此而感到焦虑，为了追上别人家的小朋友，家长们就容易激进。

其实无需我再唠叨了，小朋友的成长是有个体化差异的。有的小朋友学会走路比较早，有的小朋友则对汉字感兴趣，很早就能读写。但是读书、识数早并不能保证将来一定能够成为一个聪明的小朋友。

因为只要到了一定的时期，小朋友就一定能掌握这些知识。

请不要以别人家的小朋友作为标准来要求自己家的小朋友，重要的是根据自己家小朋友的成长情况耐心守候，而不是一味地去比较。

培养不欺负人的小朋友

有一种现象叫“小学一年级问题”，指的是小朋友在上课期间也会随意走动、大声喧哗。

自己家的小朋友无论年龄多大，家长们最担心的事情就是“校园欺凌”问题。

有一种现象叫“小学一年级问题”，指的是小朋友在上课期间也会随意走动、大声喧哗。而这些小朋友却意识不到自己的行为会给周围的人带来麻烦，不遵守规章制度。他们往往容易引起校园欺凌事件。

不管孩子长到几岁，总有很多家长担心“校园欺凌”问题。当然，家长们担心的内容也会随着小朋友的年龄增长而有所不同。

从幼儿园到小学低年级这段时间里，很多家长担心自己家的孩子被别人欺负，成为校园暴力的受害者，也担心自己家的小朋友成为伤害他人的罪魁祸首。

其实，在幼儿时期，许多小朋友没有善恶标准。哪怕本人并没有欺负别人的意识，也会出于希望把自己想做的事情强加给对方，或者为了得到某样想要的东西，而不顾小伙伴的感受做出一些粗暴的行为。这种事情经常发生，多是由于小朋友沟通能力不足，不懂得“换位思考”所引起的。

但是我们不能以“小朋友小，不懂事”的理由搪塞过去，而是应尽可能地增加小朋友和小伙伴们一起玩耍的机会。在玩耍的过程中也许大家会发生磕磕碰碰，被别的小朋友弄哭，或者弄哭别的小朋友，但在这样的摸爬滚打中，小朋友学会了如何处理人际关系。这种做法看起来大费周章，但却是避免让自己家的孩子成为欺凌者的不二法门。

“聪明”就是“竞争力”

在各种情况下都能随机应变的柔韧性、遇到突发事件能够选择最佳处理办法的判断力、与周围的人和谐相处，这三点成为一个人是否聪明的衡量标准。

不论哪一个时代，家长们都希望把孩子培养成聪明人。虽然都提到“聪明”，但祖父母那一代、父母那一代以及现在，对“聪明”的定义却大相径庭。

在祖父母那个年代，“聪明”一词几乎可以和“大学生”一词画等号。但是到了父母这一代，大学毕业已经不是什么稀奇的事了。是否毕业于名牌大学成为判断头脑聪明与否的标准。

但随着少子化的发展，现在人人都可以上大学，人们不再以是否毕业于名牌大学，是否在名牌高中就读过来判断一个人是否聪明。

取而代之的是，在各种情况下都能随机应变的柔韧性、遇到突发事件能够选择最佳处理办法的判断力、与周围的人和谐相处，这三点成为一个人是否聪明的衡量标准。

现在，即使学习好，会应付考试，各科成绩都不错，但是缺少灵活性、判断力以及协调性，也很难成为一个对社会有用的人。因此，我敢断言这种意义上的“聪明”就是“竞争力”。不仅仅是根据学历和成绩，把“竞争力”也作为判断一个人能力的标准，可以说是一个很好的趋势。

那么，这种“竞争力”在小朋友步入小学前的幼儿时期开始，就可以通过日常生活、玩耍等体验来培养。

希望培养出一个聪明的小朋友的话，在幼儿时期就让其感受各种体验是非常重要的。

如何培养女孩子

随着女孩的成长，她擅长的、不擅长的都会一一显露出来，对于未来的梦想也会在成长的过程中生根萌芽。

日本在过去很长的一段时间里普遍认为："女孩迟早要嫁人，所以无需烦恼前途问题。"与其让女孩接受高等教育，倒不如让她尽早掌握烧火做饭、量体裁衣等新娘必修技能，即便找到了工作，也不过是结婚之前的一个过渡。从工作内容上来看，能帮男性员工打打下手已经是上苍眷顾了，更多的则是给客人端茶倒水或复印资料等简单的重复作业。女性的求职机会也比男性要少得多。直到 1985 年，日本颁布了《男女雇用机会均等法》以后，才算是为希望在职场打拼出一片天地的女性开辟了新的道路。

虽然现在依旧有不少人觉得干得好不如嫁得好，但与此同时，有许多女性选择到企业当中去工作，和世界打交道。也有女性希望找到自己想做的事，并为之不断提升自身的技术水平。

或许就当前的时代来说，女性将来的选择机会甚至要比男性多。

有女儿的家庭，可能经常听到祖父母这一辈以及周围的人说："你家是女孩子……"听过这句话，有些家长可能会感到压力。事实上，女孩的未来是非常多样化的，或许为人父母会因此感到些许迷惘。但随着女孩的成长，她擅长的、不擅长的都会一一显露出来，对于未来的梦想也会在成长的过程中生根萌芽。

在幼儿时期，应该仔细观察小朋友对什么事情感兴趣，寻找他们的兴趣点，培养他们的好奇心，在这一点上，男孩和女孩之间并无差异。

有的女孩对男孩喜欢做的事情感兴趣，同样相反的情况也会出现在男孩身上。女孩为喜爱的领域努力拼搏，但最后却发现这扇大门对她们关了起来，这种事情并不多见。

选项越多越是会感到迷茫，但最重要的是留心注意小朋友到底喜欢什么，并对小朋友的兴趣做出引导。

爸爸妈妈信奉的“幼儿教育”——在线课程、昂贵的教材、游戏课程

如何才能提高小朋友们的能力，让他们变得聪明呢？

随着年龄的增长，小朋友们能做的事情也越来越多了。父母们对小朋友们在成长路上的点滴收获备感欣慰，同时也期盼着有朝一日能发掘小朋友们在某些方面的天赋。

在小朋友们成长的过程中，家长都希望“小朋友赢在起跑线”，希望他们成为“聪明人”，这是很正常的想法。

那么，如何才能提高小朋友们的能力，让他们变得聪明呢？遗憾的是知道正确方法的家长寥寥无几。

这些不知该如何是好的家长最信赖的便是各式各样的幼儿教育（我们也称之为早期教育）。特别是那些宣传无需去补习班或培训教室，只要在家学习就能有效果的在线课程，以及那些号称能边玩边学的教材、幼儿游戏等，市面上充斥着五花八门的教育方法，但这些方法真的有效果吗？

●在线课程

在日本，依靠每个月都会收到的远程课程的教材来教小朋友的家庭非常多。其中包括绘本、启蒙玩具、DVD 等，这些课程在吸引

幼儿兴趣方面下足了功夫。不单单是幼儿时期，这些在线课程往往是产品一条龙，涵盖小学、中学、高中的教学内容。正确使用的话，貌似是能为小朋友的教育带来不错的效果。毫无疑问，有效果的前提是“正确使用”。据我的了解，很多家长不会选择那些需要亲子共同完成的推荐课题，反而经常选择一些 DVD 或是玩具。当然对于很多家长来说，当自己忙于家务或别的事情，一时抽不出时间，能让小朋友一个人专注地玩一会儿真是帮大忙了。但本应是小朋友和家长在对话中共同完成的内容，却成了小朋友一个人在看幼儿节目，这种在线课程没有任何意义。

小朋友一旦厌烦了就不愿再接触了。

●昂贵的教材

从很早以前开始就有许多主打“光听光看就能学会 ×××”的幼儿教材。其中最著名的要数幼儿英语会话教材，它们声称“只需反复听，就能自然掌握纯正发音和表达方式”。

这些教材一套动辄十几本，甚至有些成了售价几十万日元的天价教材。如果能产生和其售价匹配的效果的话，也就没什么抱怨的了，但事实上却总是不尽如人意。

大多数的教材都宣传“在家就能学”，推荐哪怕每天只学一点点，也要坚持每天使用。但事实上，只有极少数的家庭能够坚持下来，大多数情况下都是束之高阁了。

因为哪怕只学一点点，只要做到每天坚持的话，家长根本不必为小朋友的学习过多操心。我希望能让更多的家长意识到，经常和小朋友一起读绘本，一起玩耍，这样更有教育效果。

●游戏课程

在此之前，市面上已有许多装载于电脑和便携式游戏机上的幼儿教材，但最近的主流是载于平板电脑上的幼儿教材。每次看到那些平日里三分钟热度，此刻却能玩得十分专注的小朋友，或是那些比家长更加熟悉设备操作的小朋友，可能大家会误认为这才是主导未来的、不可或缺的新锐幼儿学习方式。

不可否认，现代电脑技术确实赋予了教育无限的可能。但是，这些让小朋友惊叹不已的体验，终究是一种虚拟体验。例如，小朋友点击画面上出现的地图，立刻就会跳出生活在此地的各种动物和鱼类的图鉴。即便小朋友通过平板搭载的教材，记住了几百种动物和鱼类的名字，但这和让小朋友实际感受河流，观察亲手捕捉到的小鱼的颜色，以及游动的姿态相比，后者所能带给小朋友的感动是前者无法相提并论的。这和在生活中，让小朋友自己试着将两个颜色混合，或者自己试着拆卸一个箱子来获得感受是异曲同工的。

因此，作为家长切勿忘记，只有通过实际的体验，小朋友才能学到东西，才能变得更加聪明。

智慧之源①——自立

当孩子想要“自己做”时，正是孩子的大脑最大程度进行发育的时候。这才是孩子变聪明的瞬间。

养育孩子的最终目标是让孩子在将来能完全自力更生。成为不给别人添麻烦并对社会有贡献的人，这才是作为一个独立的人应该做到的重要前提。

可以说连独立吃饭都做不好或凡事都依赖父母、爱撒娇的孩子距离“独立”二字还有相当遥远的距离。由于孩子力所能及的事情受到了所处年龄段的限制，因此大部分家庭都是片刻不让孩子离开自己的眼皮底下，始终在身边照料。

这个时期的孩子能做到的事情本来就少，又十分依赖父母，许多父母都希望尽可能为孩子多做一些，这也是人之常情。但是父母包容孩子的依赖性和父母溺爱孩子是完全不同的两个概念。

比如外出的时候，孩子在门口费劲地穿鞋，父母是否会替孩子把鞋穿上，再把鞋带也系好了呢？即使孩子明明提出了“我自己来”，很多父母也会以“没时间了，下次你自己来”等各种理由替孩子完成。

当孩子不借助任何人的力量去独立完成一件事的时候，正是孩子的大脑全速转动的时候。孩子会拼命思考到底怎么样才能做得好，即便稍稍有些棘手也坚持不放弃，哪怕失败了也能再次挑战……当孩子想要“自己做”时，正是孩子的大脑最大程度进行发育的时候。这才是孩子变聪明的瞬间。如果父母此刻出手干涉，比如说“我先替你看一下”或者“我来帮你做”，就等同于剥夺了孩子主动变得聪明的机会，所以千万不能这么做。

如果孩子在做的过程中表现出要半途而废了，即便哭丧着脸提出“还是妈妈做吧”，也请你鼓励孩子：“你再加油尝试一次吧！”孩子成功做到的话，请不要吝啬你的赞美，一定要多加表扬。在如此积累的过程中，孩子会逐渐拥有自信，同时也会变得越来越聪明。

智慧之源② ——解决问题的能力

无论发生什么问题都能主动去思考解决方法并最终解决问题的能力，这才是帮助孩子在各种磨炼面前不轻言放弃、敢于直面的力量源泉。

即便在平淡无奇的日常生活中，我们难免也会碰上一些“小麻烦”。比如做饭的时候，发现要用的食材或调味料没有了。要克服这个小小的危机，相信大家有各种方法。既可以马上出门去买，也可以用别的东西代替，还可以更改今天的菜单。像这样遇到一些问题时，思考“怎样才能解决”是一种非常好的锻炼大脑的方式。当然对于孩子来说也是如此。

画画的时候想用的蜡笔没有了，发现成套的玩具少了一个，想要一起玩耍的小伙伴突然出门了，等等，想必这些情况，孩子多少都遇到过吧。

孩子在很小的时候如果碰上事与愿违的事，常常会闹脾气。但能够原谅这种行为的也仅仅是幼儿园的小班阶段。等孩子成长到一定阶段，就需要养成习惯独立思考“该怎么办”。

当然万事开头难，最初父母的引导是非常重要的，比如对孩子说：“孩子，你要不试试这样做？”当孩子成功时，请表现出最大程度的喜悦。这样孩子就能体会到成功的快乐，会觉得“遇到困难了，就想想别的办法，要是成功了，该有多开心呐。”如此体验的积累，将使孩子充满自信，孩子会认为“即便碰到问题，只要努力思考就能找到解决问题的方法”。

无论发生什么问题都能主动去思考解决方法并最终解决问题的能力，才是帮助孩子在各种磨炼面前不轻言放弃、敢于直面的力量源泉。稍微觉得麻烦一点就想“算了吧”，这是无论大人还是孩子都会有的情况。所以学会思考“该怎么办”的能力是很重要的。

智慧之源③——反复尝试与动手能力

能做到如此反复“摸索尝试”的孩子，有更高的可能性会变得聪明且善于学习。

在遇到一些困难时，思考如何规避并将其克服的能力被称为“解决问题的能力”。那么解决问题的能力又该如何掌握呢?

在试图解决问题时未必能立刻找到正确的方法，这种情况即使在大人身上也时有发生。有时即便解决方法在脑海中一闪而过，也常常会在实际尝试中不尽如人意，以失败告终。

此时如果立刻放弃，就和开始前束手无策地说着“没办法了”没多少区别。而即便初次尝试的方法失败了，也继续像这样——“假如这样做会怎么样呢”——去考虑下一个方法，根据摸索的过程逐步加以改进，探寻到新的方法，尝试激活大脑的活跃度。不仅如此，在面对难题时不可或缺的专注力和毅力也能得到锻炼。

可以说能做到如此反复“摸索尝试”的孩子，有更高的可能性会变得聪明且善于学习。

“摸索尝试”是指思考和最初不同的方法并加以尝试。思考如何操作才能更顺利，将自己想到的内容付诸现实时，灵活的双手以及思考步骤安排的计划能力也是相当重要的。

比起刻意让孩子做一些特别的事情，倒不如让孩子在每天的玩要中掌握这样的能力。比如孩子在玩积木的时候，是不是常常会认真地将搭起的积木一次次地推倒重来？此时在孩子心里已经有了想搭建的“最终图纸”，并摸索尝试着努力将其变为现实。当孩子进入了这种状态，父母的插嘴便显得多余，只需安静守候即可。因为孩子认真思考的样子正是其开始变得聪明的样子。

智慧之源④——变换角度看问题

> "聪明"应该是一种常态的东西。比如独立思考各种问题并加以解决，即便受挫也不轻言放弃。

在此之前，我一直在思考"聪明到底是指什么"这一问题。

特别是父母总会期望孩子能在学校取得好分数、收获好成绩、考试成功并升入好学校。

但仅仅是学习好、考试成绩名列前茅是称不上"聪明"的。

如同之前提到的，"聪明"应该是一种常态的东西。比如独立思考各种问题并加以解决，即便受挫也不轻言放弃，再比如坚持探寻解决的方法去反复摸索尝试等。这些积累将给予大脑良性的刺激，最终引导孩子变得更聪明。

另外，还有更重要的一点，那就是拥有随机应变地改变自身观点的灵活性。

当我们在做某件事时，越是全身心地投入越是只能看到片面的观点。明明只要对自身的观点稍加改变就能迎刃而解，却固执己见，局限于自己想到的方法，无法从别的角度看待问题。

这不仅仅关乎学习方面的问题，人际关系方面也常常会遭遇相同的情况。比如小朋友们在玩玩具，是否能站在小伙伴的角度思考，自己玩了一段时间后把玩具让给小伙伴玩，这种细小的关心就是培养“换位思考”能力的一种练习。同时，聪明的基础之一“灵活性”也能得到培养。这在一定程度上能起到避免孩子在升入小学时成为“一年级问题生”。

特别推荐让孩子通过游戏在幼儿时期积累大量的经验，体会到“哪怕是相同的东西，只要从别的角度去观察，看到的形状和大小也截然不同”。以这样的方法让孩子学会“观察事物的方法并非只有一个”，“站在和自己不同的角度上，看到的风景也是不一样的”。在此过程中自然也能掌握待人接物的方法。

专栏

正反义词

“大”是万能词?

对于正处在词汇记忆阶段的孩子而言，老大难的问题莫过于“正反义词”。

“大”的反义词是“小”，“重”的反义词是“轻”，“长”的反义词是“短”，成对的词语形成组合用于记忆是很重要的。

幼儿时期的孩子，不管是看见长长的绳子，还是宽阔的操场都会统统用“大”来表示。把“长”的反义词说成是“小”的孩子也不少见。

语言并非通过在托儿所、幼儿园或学校习得，而应该是在日常的生活中自然而然掌握。尤其是家庭引导更为重要。有幼小孩子的家庭，则应尽可能使用正确的表达方式，这对于孩子日后语言能力的提升是非常重要的。

特别是在做饭等家务上会使用到较多的正反义词，父母应当做到正确地使用词语，注意要有意识地多使用正反义词。

第 2 章

幼儿时期最重要的基础教育

扎根于生活的教育才能为升入小学后开始的“学习”打下基础。

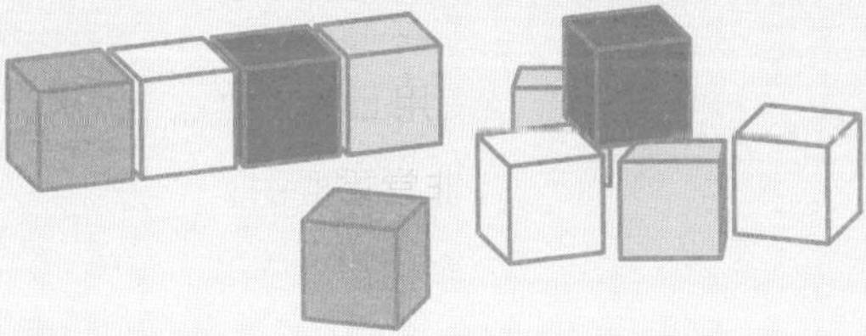

连接幼儿期和少儿期的教育
—— 幼小一贯制教育

> 在五花八门的课程中，常常容易被忽视的是以幼儿园生活为根基的“基础教育”。

近期“幼小衔接教育”开始备受瞩目。

越来越多的托儿所和幼儿园开始不满足于仅教会孩子集体生活的规矩，更着眼于为升入小学后开始的学习打下基础，对现有的课程进行扩充。

由于“一年级问题生”多数都源于孩子不适应学习生活，所以在幼儿时期就让孩子接触学习，未尝不是一件好事。但事实上，谈到学习的内容，还处于摸索状态的幼儿园不在少数。

各类幼儿园都在进行新的尝试，具体来说有聘请外籍教师教授英语会话、聘请专家开办幼儿识字或数学教室等。并且“提前让孩子学习小学一年级的内容”，比如教授识字、数学等学习课程的幼儿园更在日本各地比比皆是。

这些学习也许具有一定的效果，但并非每个幼儿园都会给孩子们“上课”，因此孩子们在升入小学后有很大可能将面临一个问题——“幼儿园阶段学过的内容得再来一遍”。对于那些在幼儿园已经学过的孩子来说这段时间将变得索然无味，这可能也是造成“一年级问题生”的原因之一。

在五花八门的课程中，常常容易被忽视的是以幼儿园生活为根基的“基础教育”，即数字概念、图形认知、语言教育等，比如利用孩子身边常见的东西来吸引他的兴趣。毫无疑问，扎根于生活的教育才能为升入小学后开始的“学习”打下基础。

因此，托儿所、幼儿园以及小学应提倡幼小一贯制教育，在托儿所和幼儿园学到的基础教育应通过小学的学习将知识进行巩固，由此提高孩子的智力，激发学习能力。

这才是所有孩子都需要的“幼小衔接教育”。我衷心希望有越来越多的孩子能参与实践这样的基础教育。

“阅读、书写、计算”学得越早越好吗?

实际上孩子的发育是分阶段性的，
开始得早并不代表成长得快。

老话常说，“学习开始得越早越好，这样就能成为聪明的孩子”。

实际上孩子的发育是分阶段性的，开始得早并不代表成长得快。比如三岁的时候教孩子识字，明明怎么也记不住；可到了五岁，突然不怎么费劲就能很快记住了。过于执着“早期教育”反而会让孩子吃很多不必要的苦，也可能会给孩子带来心理压力。

读写、计算也被称为语文、数学，属于“文化课的学习”，是应当在成为小学生后开始接触的教育。幼儿期需要在学习文化课之前掌握基础教育的内容。

我把它称为“文化课学前基础教育”。

何谓文化课学前基础教育，简单来说就是孩子在使用教科书和笔记本之前的教育。也许很多人会担心缺乏身体力行谈何学习。其实，孩子从日常生活所接触到的事情中就能学到如“语言”“数字”“图形”等各种知识。而且，由于孩子是从每天的游戏和日常习惯中学习，可以说无论是父母还是孩子都不会感到额外的压力。

学前基础教育的寓教于乐，不仅使孩子的“思考能力”得到极大的提升，还能帮助孩子很快适应小学阶段的文化课学习。

一提到“学习”，无论是孩子还是父母都会摆出认真对待的架势。但实际上父母引导孩子让每天的生活以及习惯、玩耍自然地变为一种学习更为重要。

我会在第 4 章详细说明具体方法。毫无疑问，让孩子能主动且快乐地参与其中是最主要的一点。

事物教育

只有经过了触摸、摆弄实物，亲身体验事物的变化过程，孩子才能第一次真正地理解事物。

常年工作在幼儿教育第一线的我深信不疑的一点是——孩子智育方面的培养并非是从小学开始的，幼儿期的基础教育开展显得更为重要。升入小学后，幼儿时期积累的智育将拉开孩子在理解力方面的差距。

那么幼儿时期必需的基础教育到底是什么呢？

很多人一提到“让孩子学习”，马上就会联想到参考书、习题集等。真的有必要让字都写不好的孩子接触书面学习吗？当然了，如果孩子本人能以玩游戏般的心态非常愉快地接触，自然无可厚非。如果不是这样，我认为没有必要让不怎么感兴趣的孩子提笔学习。即便题目回答得很好，终究也是纸上谈兵。

比如“一共有 5 个球，其中 2 个不见了，还剩下几个球”这种题目，孩子能接触到的不过是画在纸上的球罢了，孩子只能依靠移动脑海中的球来思考问题。这对于幼儿期的孩子来说是非常困难的事，因此哪怕是很简单的题目，也常常需要花费一番工夫。这可能会造成孩子对学习产生排斥心理。

为了避免上述情况，且便于孩子理解，在幼儿教育中“善用实物”是必不可缺的。比如“桌上有 3 支铅笔，接着又买了 2 支，一共有几支铅笔”？要解开这样的题目，可以直接使用铅笔示范。再比如要解开“杯子里有多少水”的问题，也可以直接使用杯子进行示范。

像这样的教育方法，我把它称为“事物教育”。

只有经过了触摸、摆弄实物，亲身体验事物的变化过程，孩子才能第一次真正地理解事物。一旦孩子能通过实物理解，解开书面上的题目也就不在话下了。因此从“看、摸、引导”这几方面入手显得尤为重要。

早期英语教育的陷阱

> 如果在语言记忆时期，加入了母语以外的语言的学习，将引起孩子的混乱，外语和母语都学成了半吊子。

在幼儿教育方面，大多数人都会认为“学习要趁早”其中就包含了英语教育。之前曾介绍过，聘请外籍教师、引入英语会话课程的幼儿园早已不胜枚举，更有甚者实践胎教——从怀孕时起就用英语和腹中宝宝说话。确实就发音而言，越早接触越容易掌握，孩子从小就接受以英语为母语的教师的指导，确实能掌握日本人不擅长的发音。如果希望孩子拥有一口堪比欧美人的标准发音，确实要从娃娃抓起。

但从小学习英语所得到的并非都是正面的影响。

幼儿期是记忆语言的关键时期。母语能通过每天的生活自然记忆并和智力同步提升，逐步达到与年龄相符的语言使用程度。但是如果在语言记忆时期，加入了母语以外的语言的学习，将引起孩子的混乱，外语和母语都学成了半吊子。可能鲜为人知的是，有很多归国子女都因用不好日语而吃了不少苦。

也许有人会觉得即使日语不地道，只要英语说好了就没什么问题。但生活在母语非英语的日本，受到年龄、所受教育、自身立场等限制，想要英语水平更上一层楼不仅是非常困难的事，甚至常常到了那个时候，想要再使用母语，却发现母语的掌握程度早已落后太多。

为了避免连自己的想法都无法用母语进行有条理地表述的糟糕情况的发生，应当等孩子将母语掌握好之后再进行外语的学习，相信这才是有利于孩子的成长。

无动手体验教育，就无基础教育

对于幼儿来说，学习的第一步即眼见实物，手摸实物，实现“与实物的互动”是非常重要的。

“让孩子先去体验”是幼儿教育中不可忽视的重点之一。

之前也提到过，没有实际在河里玩耍过不能算作真的了解河流。单单看到了动物的照片，不能认为就了解了这个动物。对于幼儿而言，这个世界充满了“不曾见过的东西，不曾触摸过的东西”。因此对于幼儿来说，学习的第一步即眼见实物，手摸实物，实现“与实物的互动”是非常重要的。

学习也是一样的。要让孩子学习“数字”，需要实际准备好玩具或彩扣，让孩子在动手操作中体会数字的变化。“语言”的学习更是如此，让孩子和不同的人对话是取得立竿见影效果的方法。

到了小学高年级阶段，孩子有了一定的经验，即便不用亲眼看到或实际摸到，也能通过阅读图册、教科书或参考书增长知识。

往往容易被大人忽视的一点就是，尚处于幼儿阶段的孩子无法把纸上的信息和实物联系起来。比如看到大象和人类的合影，或许孩子可以记住“大象比人类要大”，但只要不是在眼前看到这些庞然大物，孩子是无法感同身受的。通过实际体验得到的知识，会伴随着当时获得的惊讶和感动深深印在脑海中不被遗忘。与之相反，通过书本或视频看到的内容，不经意间就会遗忘得一干二净。

这些大人认为司空见惯而忽略掉的东西，对孩子来说却是未知的体验。务必让孩子尽可能更多地接触实物，积累触摸或与之对话的经验，这对幼儿的智力发育具有极大的益处。

幼儿教育的五大领域

> 必要的幼儿期基础教育有这五个方面——“自然测量”“方位描述”“数字概念”“认识图形”和“语言表达”。

幼儿期对孩子来说需要的不是“知识”的灌输，也不是考试取得好分数，而是掌握看待事物的方法，为进入小学后开始的“文化课学习”打下基础。

因此我认为必要的幼儿期基础教育有这五个方面——“自然测量”“方位描述”“数字概念”“认识图形”和“语言表达”，我将其称为“五大领域”。下面将分别简单介绍一下。

① 自然测量

学习以“大小、多少、长度、重量”等“量”为基础的数字概念。由于让幼儿理解厘米、克等“单位”较为困难，可使用贴近生活的“量”来比较物体间的差异、按大小顺序排列来为孩子的数字概念打下基础。

② 方位描述

把握“上下、前后、左右”等位置关系并能进行表达。同时学会换角度思考、看待事物的方法。

③ 认识图形

通过身边的事物掌握图形的基本特征。以观察对比图形，练习正确描绘图形、图形的构成与分割等方式，培养孩子的图形意识。

④ 数字概念

从能“正确数数”开始，再到数量的比较或等分，通过生活中常见的事例，掌握四则运算的基础。

⑤ 语言表达

培养孩子能正确理解他人说话、阅读绘本及连环画的能力。以“读、写”为前提，培养“听、说”的能力，通过语言游戏的方式，为将来的语言学习打下基础。

五大领域均衡发展，学习要与孩子的发育阶段同步迈进，才能最大限度提升孩子的能力。

五大领域学习所培养的十种能力

思考能力究竟是什么呢？主要有以下十大关键点。

这五大领域不仅是小学开始的文化课的根基，也属于基础教育，能帮助孩子掌握“思考能力”。那么思考能力究竟是什么呢？主要有以下十大关键点。

1. 抓住事物的特征，提高观察力——观察事物，捕捉特征，发现其中的共同点和不同点。

举例：从多张图画中，找出相同的图画。比如第一眼看上去好像是一样的，但实际上有一处或多处是不一样的图画。再比如只是衣服的花纹略有不同，或手的方向不同等，比较它们各自的不同之处并选出相同的那张图。

2. 几个物体做比较——进行大小或多少的比较，如“哪个多，多了多少？”

举例：准备红色和蓝色等不同颜色、不同数量的彩扣，要求孩子回答如“哪个多，多了几个”或“它们之间相差了多少个”等问题。

3. 根据某个规律把物体排序 ——从大小、时间顺序对图片进行排序并编出小故事。

> 举例：准备大小不同的球或箱子，按照从大到小排序。还可以观察画有故事场景的 4 张图片，按照故事发展对其进行正确排序。

4. 把握总体和部分的集合关系 ——思考整体的数量及构成整体的各个部分在数量上的关系。

> 举例：假设公园里有男生 4 人、女生 6 人，思考把零食分给所有的女生和分给所有人这两种情况，哪边需要准备更多的零食？多准备多少？

5. 改变观点分别观察事物 ——不局限于单一的观点，用其他的观点思考。

> 举例：桌上有一把茶壶，从前、后、左、右不同的角度进行观察，并画出不同角度下的情景。

6. 把握事物的相对性 ——有三个不同大小的物体，如“B 比 A 大，但比 C 小”等，把握事物的相对性。

> 举例：“妈妈比你个子高，但比爸爸个子矮”等，试着比较身边的人和物的高矮、大小。

7. 逆向思维——从结果上推理原因，按时间顺序逆向思考。

举例：请准备 2 个杯子，其中一个剩较少的果汁，另一个剩下较多的果汁。试着问孩子："哪一杯的果汁被喝掉更多？"

8. 把事物看作一个整体去认识——如"一辆汽车可以坐 5 人"，掌握以一个整体的概念去观察事物（单个整体的总量）。

举例：给孩子看小汽车、自行车、三轮车的图片，并提问当这些交通工具有一辆以上时，它们的轮胎分别有多少个？

9. 发现规律性——找到事物排序以及变化的规律性。以及分别思考变化的事物和不发生变化的事物。

举例：○△□×○△□×……在以该顺序排列的图案中，空缺了几处，思考省略号处应填入的图形。

10. 从 A 和 B，B 和 C 的关系中推理出 A 和 C 的关系——如使用跷跷板，已知 B 比 A 重，C 比 B 重，请通过中间的 B 思考 A 和 C 之间的重量关系。

举例：大家来比身高，小花比大雄个子高，小新比小花个子高，请由高到矮说出他们的名字。

记忆力训练即专注力训练

短时记忆游戏，或其他玩耍形式的锻炼，都可以激发小朋友意想不到的专注表现。

提到小朋友做事三分钟热度，以及专注力的低下，相信各位父母都会感同身受。尤其是父母都想让小朋友静下心来学习，但对于小朋友来说，要做到长时间专注于一件事情上，难于上青天。其实，造成小朋友课堂上随意走动、随意说话等问题行为的关键原因，就是专注力的低下。我们千万不要认为小朋友还小，便放任不管。从幼儿时期开始训练小朋友的专注力，不仅有益于帮助小朋友在步入小学后远离各种问题行为，更是提升小朋友学习能力的秘诀所在。

那么，到底要怎么做，才能让三分钟热度的小朋友拥有专注力呢?

记忆力的训练是锻炼小朋友专注力的有效方法之一。比如，让小朋友听故事，要求一位以上的角色出现在故事中，结束后向小朋友提问“故事里出现了谁”“某某去了哪里”等问题，以确认小朋友是否正确地记住了故事的内容。使用这样的方法，可以同时锻炼小朋友的记忆力和理解能力。在幼小衔接中，通过听故事来训练小朋友的记忆力和理解力是非常常见的办法。除此之外，使用扑克牌来玩一些翻牌等记忆力游戏也是不错的选择。

大人有时也会碰到注意力集中不了的情况。小朋友更是如此。短时记忆游戏，或其他玩耍形式的锻炼，都可以激发小朋友意想不到的专注表现。

上述经验的积累，会让小朋友逐渐意识到，专注做就能把事情做好，或是体会到专注做成一件事的喜悦感，那么自然就能养成专注力。家长若只会不分青红皂白地下达指令“认真点”，是没有任何意义的。在学习中体会到乐趣，才能使得孩子的能力有所提升。

专栏

数的学习

不掰“手指”计算

请小学一年级的小朋友做 60 道加减法，速度快的小朋友只需 2 分钟左右，而速度慢的小朋友会花上十几分钟。究其原因，计算速度慢的小朋友大多有相同的特征，那就是习惯掰手指计算。

记忆数字的初期，使用手指确实十分方便，但这无法成为下一阶段即加减法学习的坚实基础。把数字转化成脑海中的形象思维，再进行下一步的具体运用是非常重要的。习惯性地掰手指，会导致数字在脑内无法顺利转换。

但若使用弹珠、彩扣等实物教具帮助小朋友记忆理解数字，习惯了以后，小朋友在没有任何辅助工具的帮助下，大脑就可以进行数字的转换操作。因此一定要注意，为了让小朋友能够做到心算，不能让其养成掰手指计算的习惯。

第3章

寓教于乐

只有掌握了窍门，游戏才能更好地发挥学习效果，提升孩子的智育。

不是坐在书桌前就叫学习

> 幼儿期的孩子即使看似在玩耍，实际上每天也能学到很多东西。

孩子在幼儿阶段的生活中，能学到的东西多得出人意料。只要回想起孩子牙牙学语的时期，想必每位父母都能感同身受。像有的孩子某一天突然开始滔滔不绝地开口说话，有的则是循序渐进增加词汇量等，虽然存在个体上的差异，但无论哪个孩子都会如同水渗入沙石一般开始吸收各种词汇。

比如一开始只会触摸积木，不知不觉也能搭得有模有样。幼儿时期，连游戏的方式都会日益进化，对孩子来说日常的生活就是一种学习。

望子成龙的父母们，经常会让处于幼儿期的孩子接触各种“学习”。前文中提到的英语会话等不正是其中的典型案例吗？比如父母们会利用一些幼儿教材，要求孩子养成坐在书桌前的习惯等，为此煞费苦心的父母不在少数。

但是，幼儿期的孩子即使看似在玩耍，实际上每天也能学到很多东西。因此，没有必要强迫孩子去接触大人认为的“学习”。

为了让孩子能从游戏及生活中学到更多，并将其和小学的学习无缝衔接，父母们也不能单纯放任孩子自由玩耍。只有掌握了窍门，游戏才能更好地发挥学习效果，提升孩子的智育。

在这一章中，我会介绍如何将日常生活中孩子们喜欢的游戏转换成为“学习”的技巧。

通过父母参与，把“玩耍”变成“学习”

父母的参与能使孩子受到更好的启迪，感知更多与学习相关的发现。

幼儿期的孩子会从每天接触到的各种事情中受到启迪，这些体验的确能让孩子变得更聪明。可单纯让孩子自由地玩耍，就能和小学的学习接轨成为基础教育吗？很遗憾并非如此。孩子通过玩耍会有种种发现，这些发现只是表象罢了，孩子并不明白自己的发现意味着什么。

比如孩子正在玩小汽车。这时，即使孩子偶然把小汽车排成相同数量的两列，他也只会觉得“小汽车都排好队了”，不会有别的想法。关键是要能察觉到小汽车被分成两列，但是孩子有时无法意识到这一点。此时在一旁的父母提醒孩子“你看，小汽车被分成两列了”，让他注意到这点非常重要。增加小汽车的数量，提问孩子：“每列分成几辆小汽车呀？”“这次试试看把小汽车分成三列吧？”父母的旁敲侧击，会使孩子更积极思考并动手去做，这样才能成为基础学习。

再有，当孩子问第一次见到的水果的名字时，不要只告知其答案，可以和孩子玩各种语言游戏，比如提问孩子“同样是带有‘瓜’这个字的词语，你还知道哪些？”“说说看和这个水果颜色相同的还有哪些呢？”……也可以在孩子画画的时候，玩一些图形游戏，比如提问孩子“用圆和三角能画出什么呀？”……父母的参与能使孩子受到更好的启迪，感知更多与学习相关的发现。下一页，将为大家介绍一些具体的方法。

家庭道具是最好的教材

幼儿教育并非一定要使用特别的教材或教辅玩具。即便一些随处可见的物品，也能成为非常好的教材或学习型玩具。

如果谈到“家庭内行之有效的幼儿教育”，相信很多人都认为特殊的教材和教具是不可或缺的。如今百货商场、书店或网络购物平台等各种渠道都充斥着号称“开发孩子大脑”的教材和教具。不仅如此，在一些个别例子中，商家甚至采取了煽动父母的不安和焦躁情绪的销售方法，宣称不使用这些教材，幼儿教育就无从谈起。

但是，幼儿教育并非一定要使用特别的教材或教辅玩具。即便一些随处可见的物品，也能成为非常好的教材或学习型玩具。下面我将介绍利用家中常见的道具就可以做到的幼儿教育，希望父母和孩子都能愉快地参与其中。

图形游戏

之前已经详细介绍了在孩子进入小学学习之前展开基础学习的重要性。尤其是图形问题很容易成为孩子在数学问题上受挫的原因之一，因此提前接触还是非常有必要的。

平面的圆、三角、方形是图形的基本，在日常生活中找到这些

“形状”就能开始学习。

比如把正方形彩纸沿对角线对折，就成了三角形。由此可以证明“把正方形对折，可以得到两个三角形”或“把这两个三角形拼起来，就可以得到正方形”。

在此基础上父母只需告诉孩子“彩纸是正方形的”“对折后成了三角形”“再把它打开，就能看到正方形中有两个三角形”，相信孩子就能更进一步加深理解。

玩“形状”的游戏只需用到一些可简单操作及拆解的玩具或素材。

比如用到积木的游戏也有培养孩子图形概念的效果。首先由父母做示范并要求孩子“试试看搭一个同样的形状”，或是从搭完后的积木上移动其中的一块，让孩子猜猜看是如何移动了，等等，这些都是不错的游戏。

还可以使用橡皮泥捏出各种形状，同样也是可简单“操作及拆解”的高效学习游戏。请父母和孩子一定要试试看。

数字游戏

“数字”的理解对孩子来说是非常重要的。大人在教孩子“数字”时，经常会局限于孩子“能否从 1 数到 10”“能否数到 100”以及“会不会 1+1 之类的简单加法”。

但是，在下一章会详细介绍到，孩子对于“数字”到底是什么并没有根本的认识。所以应从“数字是什么”开始教起。

话虽如此，但冷不丁地教孩子“数字是什么”只会引起孩子的思路混乱。重要的是应先让孩子在日常生活中熟悉“数字”这一概念。

彩扣是简单且有效的学习“数字”的老式玩具之一。如果家中没有的话，棋子、玩具小汽车等都可以充当。只要是能用手指捏起来，大小形状相同，且有好几种颜色能区分（或好几种种类），数量在10个以上的物品即可。

可以把10个小道具排成一排数数，或从10个当中选出5个、把10个小道具平分给2人等，让孩子多做一些能意识到“数字”的小游戏。

把10个小道具排成横着的一排，对孩子说“请把其中5个给我”或“请给我从右数第5个”，这样做是为了让孩子体会到“即使是同样的数字，各自的含义也是不同的”。

如果孩子的表现不如人意，可以把数量减至6个、4个，再让孩子尝试应该就没问题了。这种方式不限于数字的学习，在孩子不理解的情况下强制教学，只会使孩子产生自己不擅长的挫折感。重要的是略微降低难度后再挑战，帮助其树立信心。

玩游戏

现在一提到游戏，可能脑海里最先浮现的是安装在智能手机或平板电脑等移动设备上的电子游戏。如果要提升孩子的智力，还是推荐实际用到纸牌或棋子的，如扑克牌、《百人一首》[①] 等牌类游戏

① 编者注：该游戏为日本的传统游戏，类似中国的诗歌接龙。

或双六棋[①]、奥赛罗[②]等棋类游戏。

在做此类游戏时，用指尖移动棋子或纸牌的动作能刺激孩子的大脑。不仅如此，根据规则推进游戏、观察对手动作等各种要素并设法取胜，在游戏中培养孩子的思考能力。

与其一开始就选择规则复杂的游戏，导致孩子无法理解，产生挫败感，倒不如从抽王八、翻牌等简单的游戏开始吧。

文章的开头提到的奥赛罗、将棋[③]、围棋都是能培养孩子的思考能力，且具有深度并能伴随孩子一生的游戏。没有接触过的人往往会觉得“难度过高，对孩子来说有点勉强”，故敬而远之。但职业选手中的大部分人都是从小学低年级，甚至更早就开始了，因此不能说不适合幼儿。跟着父母或祖父母等身边的大人学，并体会到其中的乐趣，最终沉迷于此是年幼的孩子开始学习将棋或围棋的契机。

如果身边没有这样的大人，为了让幼儿也能乐在其中，可以准备小一点的棋盘，减少棋子的数量，简化棋路，从常见的将棋或围棋的玩具棋——“小动物将棋”“儿童四路棋”等开始接触也是非常不错的。

使用手指的游戏

众所周知，用到手指的细致手工活能给予大脑刺激，提升智力。

---

① 编者注：日本的一种棋类游戏，两人下棋，玩法类似大富翁。

② 编者注：流行于西方和日本的一种棋类，又叫作黑白棋。

③ 编者注：又称日本象棋，是一种流行于日本的棋盘游戏。

比如下将棋或围棋，即使规则完全一致，用电脑等设备下棋，只有大脑的一部分在活动，而实际移动棋子下棋的话，则大脑活动的范围更广。手的使用对于脑部发育来说是必不可缺的。

年幼的孩子还无法灵活地使用手指。但随着孩子的成长，会越发渴望自己来做细致的手工活。比如纽扣系不上，也不求助父母帮忙，一定要自己换衣服，或是再怎么花时间，也要自己穿鞋子等。由于非常浪费时间，常常出现父母为之焦躁上火的场面。但我认为这些事的确能使孩子变得更聪明，所以尽可能还是让他们自己做。

话虽如此，如果每次出门，都等着孩子自己换衣服穿鞋子，父母的焦躁可想而知。在这种情况下，我推荐一些既能练习日常举止，又能提升智力发育的小游戏。

比如在厚纸片上打一个小洞，用绳子穿过小洞，最终系出一个蝴蝶结的游戏，或是把不需要的衣服的纽扣部位，连同周围的布料一起剪下，练习系扣子的游戏等，在锻炼手指的同时，也是一种换衣服、穿鞋子的练习。

除此以外，还可以引入用到筷子的游戏，记住筷子的正确握法，也是一种用到手指的练习。准备豆子、弹珠、切成块的海绵等大小软硬度各不相同的素材，并放入玩具器皿中，再用筷子夹出的游戏正好适合孩子。

因为觉得“还是孩子”就默认一些错误的做法，那么日后的纠正将变得非常困难。其实反复的失败是极其正常的事情，所以请不要使用儿童辅助筷子，从一开始就让孩子用普通的筷子是非常重要的。

讲故事的游戏

给孩子读绘本、睡前讲民间童话，接触各类“故事”，不仅有利于培养孩子的情感，对于丰富孩子的想象力来说也是极其重要的体验。很多父母会烦恼该选择怎样的绘本、让孩子听怎样的故事等问题。其实在幼儿期，不必太注重于“教育”，孩子以及父母喜欢的绘本或故事就是最好的选择。选择无字绘本和孩子一起编故事，或选择包含大量如“哗哗”等拟声词的绘本也是孩子会喜欢的类型。

等孩子开始对文字感兴趣了，可引导看一些加大标注物体名称，且具有图鉴性质的绘本。

重要的是让孩子熟悉书本，培养其成为爱阅读的孩子。还可以利用图书馆，尽可能地让孩子多接触书籍，帮助孩子找到自己喜欢的类型的书。

自然的游戏

在孩子的游戏中非常重要的一点就是“接触自然”。互联网时代，足不出户就能让孩子看到地球另一端的壮丽景色。但无论是多么美妙、多么珍奇的风光，也比不上孩子实际触摸到的体验。不管是大海、高山、河流还是森林或田野，哪里都可以。触摸来自水管之外的水，体验水的凛冽带来的舒爽，感受湍急河流带来的恐惧，这些对孩子来说都是独一无二的体验。

另外，在图鉴上看到珍稀的动植物或昆虫，不如亲眼在公园看到鸽子或麻雀、亲手捕捉到小昆虫的体验，请父母一定多带孩子去实际感受。

是否亲身感受过自然，将对孩子在接触到文学或艺术时的感悟方式产生重要的影响。为了造就孩子丰盈的感受力，我强烈建议各位父母，尽量多带孩子去更多的地方，让孩子更多地接触自然。

专栏

概念性词语

增加孩子语言表达的机会

幼儿在生活中，逐步记忆大量的词汇。因此，体验各种事物，与家人和朋友等不同立场的人交流，对于幼儿获取更多的词汇来说是必不可少的环节。

但由于孩子极容易局限于对某一事物固定视角的看法，无法充分理解转换视角的表达。如比较数字的问题，就曾出现虽然能理解“哪个多了多少”，但被问到“哪个少了多少”就出现不明白的情况。这是由于平日里常常侧重于多的一方，一旦转换视角就不明白了。碰到这种情况，可以和生活中常用的“不够”进行交换，问孩子“少了几个呢”。这样，孩子会意识到数量少的是哪一边，并正确回答。

像这样把平时不怎么用到的表达形式，尽可能和生活中常见的用语交换着练习，重要的是引导孩子掌握较难的表达方式。

第 4 章

循序渐进的 75 个
育智绝技

让孩子尝试做一些“要努力才能做到的事”，成功所带来的成就感能激发孩子进一步的成长。

小朋友是一个阶段一个阶段地成长

对于孩子的成长和进步来说，稍微踮起脚、努力伸手去够也是必不可少的，这样才能成长。

从本章开始将根据第 43 页的《五大领域学习所培养的十种能力》所涉及的“五大领域”，就幼儿阶段开展的基础学习进行介绍。此外“五大领域”中未涵盖的部分，会作为常识问题归纳在“其他”这一栏目。

本书的针对人群为学龄前孩子及其父母。书中所介绍的具体的学习方法，根据孩子的理解能力，从基础到应用分为 6 个阶段。每一阶段并未明确标注适用年龄。因为对于幼儿来说，4 月份出生和 3 月份出生的孩子之间，在各方面几乎有着 1 岁的差距。从婴幼儿到幼儿，再到小学低年级的孩子，即便只差 1 岁，但在身体发育状况、运动能力、语言能力、智力水平以及心理状态等各方面都存在着令人惊讶的差异。

除此之外，还有一些和月龄无关，单纯发育较慢的孩子。这与发育是否迟缓无关，而是每个孩子在成长过程中存在的个体差异化的现象。

但只让孩子做力所能及的事情，无法期待孩子会有更多的成长的。不仅仅是孩子，对于孩子的成长和进步来说，稍微踮起脚、努力伸手去够也是必不可少的，这样才能成长。

随着成长，孩子能做到的事也越来越多了。举个极端的例子，幼儿期的孩子哪怕不做任何特别的事情，自然而然也能发育长大。但放任不管的话，当孩子自然成长到一定程度后，便会戛然而止，出现对学校教的知识不能理解、不擅长学习等情况。

为了避免上述情况，父母需要做的是“提升孩子能力的教育”。配合孩子成长的步伐，让孩子多做一些“需要稍稍努力一下才能办到的任务”。任务的成功攻破，将大大提升孩子的自信心，让孩子有信心去瞄准更高的目标。

并非强迫孩子去做完全无能为力的事情。关键在于父母要仔细观察孩子自身的能力，什么是能做到的，什么是需要努力才能做到的，什么是还做不到的。

健康成长需要"瞻前顾后"

孩子的每个发育阶段并非都是一帆风顺的，偶尔也会出现倒退。有时看似是一种倒退的表现，但实际上正是孩子在扎实地迈向下一个阶段。

让孩子尝试做一些"要努力才能做到的事"，成功所带来的成就感能激发孩子进一步的成长。

在这过程中，当父母发现小朋友还暂时"做不到"时的处理方法就显得尤为重要。

各位父母开始让孩子跟着第 67 页 Step1 的内容进行针对性训练后，可能会突然碰上些小挫折。

如"排列大小"的问题。孩子非常顺利地做到了 3 个物体的排列大小。接下来试着把 5 个物体排列大小时，虽有些犹豫不决，但也做出了正确回答，可一旦上升至 8 个物体的排列大小，孩子就束手无策了。这在幼儿期的孩子身上是极其常见的。也就是从孩子的角度来看，不知道该如何将手上多出的 3 个物体放入按大小顺序已排列整齐的 5 个物体中。对于在一旁看着的家长来说，实在是令人着急上火，总会不由自主地提高嗓门对孩子说："哪个更大，看一眼不就明白了嘛！""刚才 5 个的时候不是做得挺好的嘛！"

这其实是无可奈何的事情，孩子正是处于"5 个物体的排序可以做到，但 8 个物体就做不到"的时期。因此无论父母怎样和孩子强调“这不是和刚才那题一样嘛，你应该能做到才对呀”都是无济于事。此时比起反复和孩子说教，倒不如返回到上一个阶段，让孩子清楚地理解题目的意义才是当务之急。

这时建议再一次回到刚才 5 个物体大小排序的阶段，让孩子清晰地理解从大到小排序的含义。如果这个时候对孩子说一些如“你这样做不就行了嘛！听懂了吗？”等责备性的话，只会导致孩子的退缩。因此切勿忘记，要心平气和地和孩子进行交流。

孩子的每个发育阶段并非都是一帆风顺的，偶尔也会出现倒退。有时看似是一种倒退的表现，但实际上正是孩子在扎实地迈向下一个阶段。因此请相信孩子的能力，在温和守候孩子成长的同时一起挑战下一页的内容吧。

自然测量

1 寻找“大、小”

说到教孩子算术，相信大多数人都会局限于孩子是否会数数，如从 1 数到 100，或是否能掌握简单的加法，如 1+1 等于多少。

实际上在此之前，还有一件必须让孩子弄明白的事情，就是“数字当中是包含了顺序数和总数”这一概念。比如说到数字“5”，有可能是指从前数第 5 个，也有可能是指总数有 5 个。比如把 10 颗彩扣排成一排，既可以说“请拿出其中的 6 个”，也可以说“请取出从前面数第 6 个”，要理解两者之间的差异，对于幼儿来说并非易事。

在孩子正式接触“多少”这一数字概念之前，如果能让孩子先学习“量”的概念，即“大与小”“多与少”等内容，会更有效果。

首先在孩子面前摆放 2 个属于同一种类，但大小不一的物体。既可以是普通玩具，也可以是爸爸用的碗和孩子用的碗。

接着问孩子“哪个大呀”，孩子做出正确选择后，再提出“小的又是哪个呀”，随后把妈妈用的碗摆好，告诉孩子这个叫“中等大小”。等孩子能正确分辨出“大的”“小的”“中等的”之后，再提问孩子“你是怎么比较的呢”，目的是希望孩子能自己分辨出“大、中、小”。

等到孩子理解了“大、中、小”的概念之后，接下来便是理解“多与少”。将类似糖果的小点心放入两个盘子中，和刚才一样的顺序，最终让孩子能自己选择出哪个多，哪个少。幼儿时期的孩子，经常会出现该用“大小”或该用“多少”来表达时，统统都用“好多”或“好大”来形容。所以在学习过程中，非常重要的一点是要让孩子能够清楚地区分，在形容数量时要用“多与少”，在形容面积或体积的时候要使用“大与小”。

父母想教孩子某样东西时，往往会要求孩子面向课桌或书桌坐好，端正态度，并强调“下面我们要开始学习了”！但孩子却会因为这些小细节，对学习产生逆反心理。因此建议父母在用餐的时候，或是玩耍的时候，不经意地问孩子“哪个大呀”“哪个多呢”，让孩子在不知不觉中，自然而然地掌握这些知识。

自然测量

2 按照从大到小排序

孩子能分清“大小”后，下一个阶段就是顺序问题。在孩子面前放上 3 到 5 个大小不一的物体并按照从大到小的顺序进行排列。可以使用俄罗斯套娃那样外观一模一样，但大小不一的实物来做演示。

幼儿很容易出现片面断定大小的情况，也就是一旦决定哪个是最大的，即便之后出现更大的物体，也会思维固化地认为还是最初选择的那个最大。甚至会出现自己认定的最大的物体和实际最大的物体进行比较后，依旧无法准确排列顺序的情况。因此当 3 个物体进行排序时，让孩子理解“B 比 A 大，但比 C 小”这类物体之间的关系性是非常重要的一点。

父母要注意在日常生活中，经常变化表达方式来提问孩子，如：“请把比这个大的东西递给我，好吗？”“那么比这个小的是哪一个呢？”等孩子能理解了，可以试着挑战提问孩子“第三大的是哪个”等问题。

自然测量

3 按照从多到少排序

准备 5 到 7 个一次性透明塑料水杯，每个杯子中倒入不等量的液体（水或果汁都可以）。请孩子根据从多到少的顺序排序。当然该游戏也会出现和刚才相同的情况，即 5 杯左右时，孩子能从多到少正确排序，可一旦上升到 7 杯，幼儿时期的孩子往往不知道该如何把多出来的 2 杯放入合适的位置。此时切勿拔苗助长，请再次回到 5 杯的情况，通过向孩子提问“第三多是哪一杯”等问题，循序渐进地帮助孩子掌握“顺序”的概念。

可以在泡澡或沙坑玩耍等能玩水的时候，准备许多小杯子和孩子一起做排序游戏，相信孩子会非常高兴地参与进来。准备比其他杯子都大一些的杯子，将量最多的杯子里的液体倒入其中，如果能使孩子察觉“明明是倒入了最多的液体，但却比别的杯子里的水看上去更少”，那就达到了学习的目的。

方位描述

4 寻找位置

要求孩子在看到图片、照片或风景时，能瞬间把握空间感，知道“哪里有什么”并非易事。比如即使大人说“麻烦把书柜上的照片递给我”，孩子也经常会出现不能立刻发现的情况。此时只要将指示具体化，如“上面一层的右边，在娃娃前面的照片”，就能解决。但孩子要分清“上下”“左右”“前后”并不容易。若要做到正确捕捉空间，把握“位置”，还是需要在日常生活中下一番功夫的。

家长在和孩子说话时，尽可能避免使用一些不经意间就脱口而出的模糊的表述，如“把那里的帽子给我”“你在那里等我吧”等，希望父母养成在各种场合下，都尽可能给孩子下达具体指示的习惯。

搭积木、搭方块是有益于孩子掌握空间意识的游戏。如果有五颜六色的教具就更好了。

首先让孩子一个人或和父母一起搭出自己喜欢的东西。接着对孩子发出指示，如“把红色放到蓝色的前面”或“把黄色摆在绿色的右边”，指示中要用到“上下”“左右”“前后”等词语。由于孩子分清“左右”尚有困难，最初可以使用“旁边”“隔壁”等词语代替，但请注意尽量不要使用“这里”“那里”等词语。

习惯了之后，下一步可使用更为具体的词语对孩子发出指示。如“从前数第 3 块积木”或“从下往上数第 2 块积木”等。一开始孩子可能会有些混乱，可以和孩子一起数，如说“我们从上往下数吧，第 1 个、第 2 个、第 3 个……”等，在快乐的游戏过程中推进练习。

认识图形

5 倒三角形是三角形吗？

在各种平面图形中，以下 5 种图形是幼儿期图形教育的基础，即“圆形、三角形、正方形、长方形、菱形”。虽然平行四边形、梯形等四边形也是生活中常见的图形，但就幼儿期的图形学习对象而言，首先请掌握最初提到的 5 种图形。哪怕无法说出是圆形还是正方形也无妨，孩子能正确把握图形各自的特征即可。

“图形”在我们的生活中随处可见。首先利用身边的物体提问孩子“这是什么形状”，直至孩子能正确回答。如果孩子把“三角形”和“方形”混淆在一起的话，可以一边指出每个尖角和边，一边和孩子一起数“1 个尖角、2 个尖角、3 个尖角，所以是三角形”，“有 3 个尖角的话，就是三角形哟”“4 个尖角的话，就是方形啦”，通过数数让孩子理解自己错在哪里。还可以使用筷子，做出三角形或方形的样子，只要让孩子看到两者的不同之处，他们很快就能理解了。

在基本图形中，父母常常会告诉孩子，三角形是“咱家的屋顶”“三角饭团”或“山”的形状。

但如果给孩子看一个用纸剪出的三角形并提问“这是什么”，即使孩子能回答出是三角形，若将这个三角形上下颠倒变为一个倒三角形后再问孩子“这又是什么”的话，有些孩子就无法做出回答。这是由于幼儿认为三角形是“三角饭团”“山”的形状，一旦变为倒三角形就会坚信“这不是三角形”。其中也有部分孩子会回答“这是倒立着的三角形”，即便如此，要让孩子明白“倒三角形等于三角形”依然困难。

这时父母可以托着孩子让他试着倒立一下，然后提问“某某小朋友倒立了以后，变成了谁呢”。随后和孩子一起确认答案说“某某小朋友倒立了以后还是某某小朋友，没错吧”，之后再给孩子看刚才的图形，回答是三角形后，再次把图形上下颠倒，提问孩子“这是什么”。

这时孩子就能理解“和某某小朋友倒立了以后还是某某小朋友一样，三角形倒立过来依旧是三角形”。这就是培养孩子“即使改变视角观察事物，也能准确把握事物特征”的能力的第一步。

认识图形

6 画出“三角形”和“四边形”

理解了基本图形，能说出“形状的名称”，接下来就是画出基本图形。说来容易，一开始就画得好并不容易。最初可以让孩子用手指描绘父母事先画好的或出现在故事书中的图案，以此让孩子把握“三角形有三个角、三条边”的特征。用彩纸剪出三角形或方形也是不错的办法。接着把做好的图形放在一旁，对孩子说“画一个和这个一模一样的图形看看”。从临摹入手，孩子一定能毫不犹豫地画出正确的图形。

话虽如此，但还是会出现边与边之间没有相连，空开了一大段，尖角画得太圆，画成了三角饭团等情况。正确画出尖角对于图形来说是非常重要的，因此需勤加练习。配合握笔的动作打着节拍“1 下、2 下、3 下”，营造愉快的学习氛围，孩子便能乐在其中，学得更快。

认识图形

7 画出“菱形”

能否利落地画出斜线，以及能否在画对角线时，画成直角相交的图形是菱形的关键。话虽如此，这往往是幼儿的短板。针对该问题，我们把 2 颗彩扣分别放在桌上对角线的位置，让孩子试着用彩扣练习将对角线的空白部分笔直地连接起来。一开始把彩扣摆成了如下图所示，弯曲的形状是极其正常的，但关键在于让孩子用具体的实物去感受“斜线”。在此基础上还可使用薄竹片等材料做出菱形，掌握图形的特征，另外通过描绘倒三角形来理解“斜线”也是行之有效的方法。

决不能因为孩子画不好菱形，就帮其把 4 个点都画好，把点和点之间连起来的方法是万万不可取的。这并不能帮助孩子理解“菱形”。只要孩子能够“把握图形的特征”以及“理解斜线”，就一定能顺利地画出菱形。

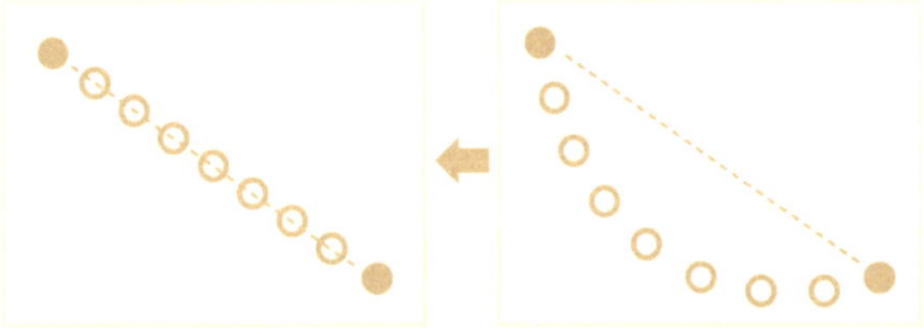

认识图形

8 玩折纸游戏

在谈到加深对图形的理解上，非常有效的游戏就是代代相传的折纸。将正方形的彩纸工整地以对角线对折，就成了三角形。然后再对折后展开，就出现了以对角线划分的 4 个三角形。再拿出另一种正方形的彩纸，将边与边重叠对折后就得到了长方形。再次对折后展开就得到了 4 个正方形。重要的不是“折”的过程，而是体验“折纸打开后看到的东西”。

接下来让孩子尝试“剪下折成一半的彩纸会怎么样”。剪下一个半圆，会得到一个圆，剪下一个三角形，会得到一个菱形……在如此不断重复的过程中培养孩子的“对角线”意识。为了使孩子能惊喜地发现“还能变成这样的形状啊”，有必要向孩子提出不同的建议，如“如果要做成心的形状，该怎么做呢”。折纸是在玩耍的同时培养孩子图形意识的不可多得的游戏，因此我推荐父母和孩子一起积极参与其中。

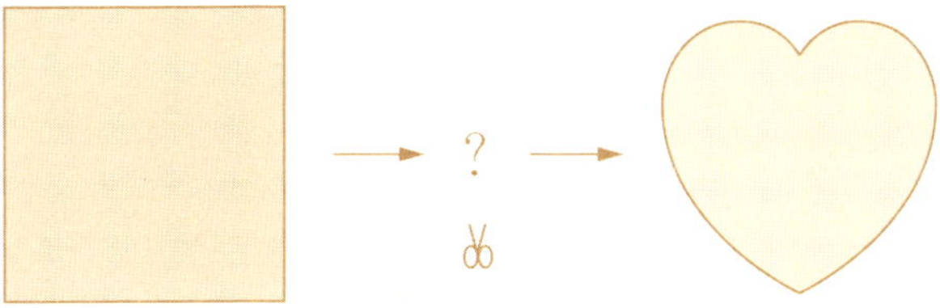

认识图形

9 玩竹签游戏

通过折纸理解了三角形和方形的特征后，接下来用竹签让孩子自己制作三角形和方形。

一次性筷子也可以，重点是要准备能做出“正方形”“长方形”“菱形”的长短不一的几根筷子或竹签。

使用竹签能让孩子清楚地明白“三角形有 3 条边”“方形有 4 条边”。

另外，使用长短不一的竹签，也便于扩展至“正三角形和等腰三角形”“正方形、长方形和菱形”的内容上。此刻让孩子察觉到“正三角形和等腰三角形都有 3 个尖角，所以都是三角形”“正方形、长方形和菱形都有 4 个尖角，所以它们都是属于方形的小伙伴”。

因为“角”是学习的关键，所以务必重点告诉孩子，每根竹签之间要牢牢固定，不能让边与边之间存有空隙。

数字概念

10 加加看

习惯了第 70 页“自然测量”中的“多、少”后，即可进入下一阶段，以“量”为基础，教会孩子掌握“数字”。

例如，把 5 颗红色彩扣排成一排，在其下方将 3 颗蓝色彩扣排成一排。这样便能立即发现“红色彩扣要比蓝色彩扣多”。下一步可以提问孩子“红色彩扣比蓝色彩扣多了几颗呢”，如果孩子无法马上作答，可将红色彩扣和蓝色彩扣一颗接着一颗同时取走，让孩子看到“红色彩扣还剩下 2 颗”，并向其确认“红色彩扣是不是多了 2 颗呀”。

在进行如上所示，以可见的“量”来确认“数”的练习时，最简便的教具就是彩扣或者小方块卡片。这样很容易就能让孩子想象“集齐 3 个，就可形成 3 块小方块（1+1+1=3）”。同样在孩子“数字的学习”中不可或缺的“5”或“10”这种数的集合，也可以使用彩扣让孩子更容易抓住对数字的印象，如“数字的集合 5，可划分为 2 个一组和 3 个一组”。

当孩子能从 1 数到 100 时，大人会想当然地认为孩子已经可以轻松回答“2 和 3 加起来，一共是多少”这样的基础加法。但实际上对于幼儿来说“从 1 数到 100”和理解“2 加 3 等于 5”的机制完全是两码事。

此时即便父母向孩子强调“把 2 和 3 加起来不就知道了嘛”，也只会引起孩子的思路混乱罢了。因此需要使用彩扣以及小卡片等可以靠手来挪动的物体（即具体实物），通过让孩子动手操作，将“被称为 5 的数字”替换成“5 颗彩扣”，这是理解“什么是数字”最好的方法。

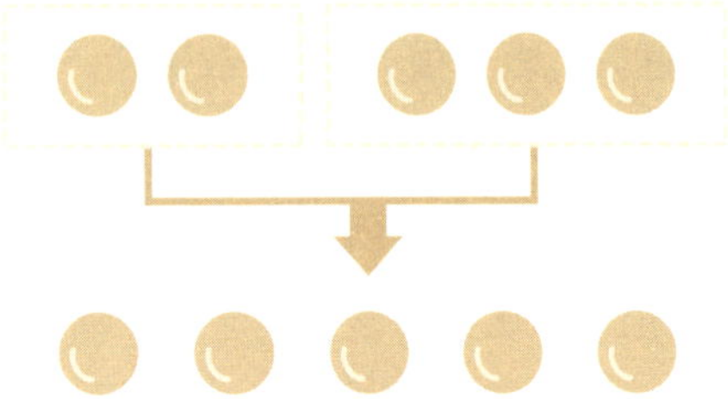

数字概念

11 玩购物车游戏

“草莓 2 个分 1 组”“给爸爸 3 块可乐饼”等，对孩子来说“数字”是贴近生活的概念，无需特地教，是自然而然就能掌握的一种知识。但我在之前已反复提及，要教给孩子的是“数字”而非“计算”，这是非常困难的事情。可能大多数人都会觉得早期就教会孩子加法自有其意义。确实在早期阶段就掌握四则运算（加减乘除）是有可能的。但有很多孩子虽然学会了计算，可碰到读文章、写公式、推导出答案，也就是“应用题”，就会出现不知所措的情况。

这是由于“数字”和“数字概念”没有结合在一起所导致的。比如，有些孩子能数到 100，但要求他从散落在眼前的许多彩扣中“拿 13 颗彩扣”就做不到了。相信很多人都会难以置信地想“不是能数到 100 嘛”，但这就是“数字”和“数字概念”没有结合的典型案例。

因此，“数字”的学习并非“1 加 1 等于 2”，而是“有 1 块小熊饼干，2 块小兔子巧克力，那一共有多少小点心呢”。即从身边开始，首先从提问眼前摆放着的彩扣或玩具“有多少个”开始吧。可以指定数字，尝试要求孩子“拿过来”也是不错的方法。

“买东西扮家家”是孩子非常乐于参与的“数字游戏”之一，即在孩子面前摆放各类玩具，根据指定的种类和数量，放入篮子或包里的游戏，如“今天我们要买 2 块积木和 3 辆小汽车”。不仅仅是游戏时，带孩子去买东西的时候，也可要求孩子“请帮我拿 3 个巧克力和 2 盒饼干”，吃饭前可以说“请帮我摆 3 个筷架和 2 个杯子”等，若能在日常生活的各种场合下，下达具体的“数字”指令，多加练习，即可培养孩子自身的“数字概念”。像这样，只要牢牢把握“数字”的概念，就能顺利进入数字的世界，这不仅能帮助孩子快速掌握四则运算，更能让孩子在理解文字题的内容的基础上，将文字内容转换成数字，将来运用公式解题时也不会再感到迷茫。

旧话重提，千万不能让孩子在幼儿期就种下自己对学习并不擅长的意识，多花心思，让孩子能在自然的状态下“寓教于乐”是极其重要的。

Step1 Step2 Step3 Step4 Step5 Step6

数字概念

12 寻找同类

要求孩子准备几种种类不同、数量相同的物品时，孩子能注意到“两边数量相同”，这与理解“数字的概念”密不可分。

如“大雄和小花都有 2 颗糖果”，孩子能正确回答出“两边都有 2 颗糖果”，可一旦碰到如“2 个草莓和 2 颗卷心菜”这种大小不一的物体时，孩子很容易受限于大的物体，无法视两者为相同的数量。对孩子来说，哪怕是种类或大小不相同，但要理解“1 个就是 1 个”也并非易事。在此推荐给各位的游戏就是“找出相同的数量”。准备好几种画有不同数量的食物或动物的小卡片，让孩子将画有相同数量的卡片进行配对，以此让孩子理解“无论是 2 头大象还是 2 只蚂蚁，数量都是 2 只”。此外还有，如“把积木排成和玩偶一样的数量”或“把小番茄排成和土豆一样的数量”等，在生活中下达具体的指示也可收获不错的效果。

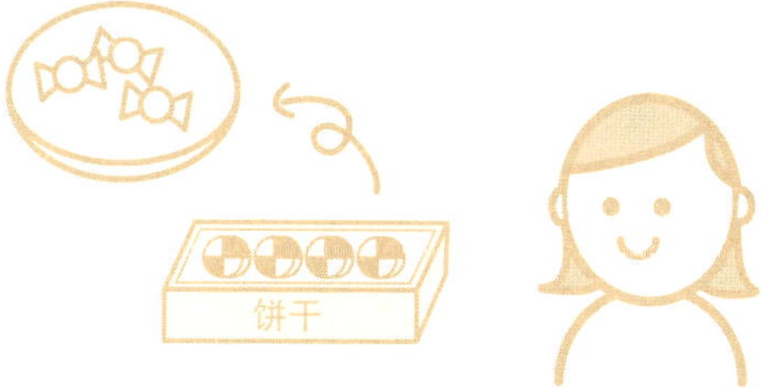

数字概念

13 数一数

孩子在被提问“有多少个”的问题的过程中不断积累经验，自然而然便能养成“正确数数”的能力。如“脖子以下泡在洗澡水里，数到 100 就可以起来了”，洗澡时要求孩子数数计时，可以说是日本从古沿袭至今的一种独有的幼儿教育。此时孩子若能把“9 → 10”“19 → 20”……数字进位时的关键顺利数出来的话，就能流畅地数到 100。

“数字”有“1、2、3……”这样的数法，以及“1 个、2 个、3 个……”这样的数法（序数词）。因此熟练地将两者相结合，让孩子理解“1 个 = 1 ”是相当重要的。

能正确数数后，请让孩子积累经验，即在诸多物体中，数出指定的数量并拿出来。重要的是“1、2、3……”数出声以及手指点着具体实物的行为，要互相联动起来。准备的数量越多越好。另外，如要求孩子根据拍手（打响板等乐器也可以）的次数，数出相同数量的物品并拿过来，也是孩子非常享受的游戏形式，因此请一定要试试看。

语言表达

14 一音一字的学习

如同数的教育是从数字开始的那样，语言的教育，也是从“文字”开始起步，这在大多数的家庭里极为常见。例如要教会孩子“草莓”（いちご，ichigo[①]）一词时，由于是从最简单的“い（i）”开始记忆，因此很容易变成“在○中填入文字‘○ちご(○chigo)’”的教法。若要从教“字”来看，或许有些效率，但从教“词语”来看，做法稍显粗糙，不得不说存在一些问题。

在教孩子“字”之前，重要的是我们所使用的“日语”的基础。

日语中不存在像几种外语中常见的“不发音的字”。如“苹果（りんご，ringo）”，是由 3 个字组成的 3 个音节的 1 个单词。如上所述，日语最大的特征就是 1 个字总代表了 1 个音节，几个音节汇集并构成了词语。因此，要把日语的基础——“一音一字”作为语言教育的起始点。

我们来做一个练习，让孩子看着把物体或动物画得很大的图片，并大声说出物体的名称。这时，如“苹果（りんご，ringo）”，为了区分音与音之间，可以配合着发音拍手，易于孩子更好地领会“一音一字”。

习惯了一音一字后，让我们把注意力放在音的“位置”上

① 编者注：日语是一音一字，因此孩子在刚开始学习语言时，都很强调音字对应学习。虽然是日语，但该方法也可在汉语学习中借鉴。

吧。决定一个规则，如出现发音“い（i）”时，拍手声音要更大。可用草莓（い・ち・ご，ichigo），椅子（い・す isu），平底锅（ふ・ら・い・ぱ・ん，furaipan）等等来做尝试。通过这个游戏，使孩子能自然而然地记住相同发音开头的词（同头音），以及相同发音结尾的词（同尾音），下一页中将介绍的游戏“词语接龙”，能让孩子更顺畅且愉快地享受练习。

语言表达

15 词语接龙

游戏“词语接龙”是指注意词语的最后一个音节，找出另一个开头是与其相同发音的词语。只要能注意到前页中涉及的同头音、同尾音，就能将其作为完整的流程进行练习。

越是年幼的孩子，词汇的储备越是有限，即便做了词语接龙，也无法流畅地说出词语。因此，不仅限于“物体名称”，也可使用表达动作的词语，也就是动词等，灵活对应能使孩子愉快地坚持下去。

“词语接龙”对于孩子来说，具有非常重要的“增加词汇量的效果”。希望父母能多创造机会，在寓教于乐中同孩子一起练习吧。

词语接龙游戏

语言表达

16 听一听，猜猜看

语言的学习被认为是“读和写”，但其实“听”也是不容忽视的部分。最近“听不进别人说话的孩子”成了一大问题，可以说在语言的学习过程中，缺乏“听”的训练是导致问题的原因之一。

在“听”的学习中“读给孩子听”起到了非常大的作用。不仅是读童话书给孩子听，单单让孩子听过去的民间故事，也有一定的效果。

更进一步的话，可以和孩子一起玩“听故事，回答问题”的游戏。

听故事，给孩子出题，如“出现了谁”“做了什么”“打招呼的时候说了什么”，等等。或者父母一边看着童话书，一边读出印在图片上的物体。这时可以混杂 1—2 个图片中没有的东西。然后将童话书给孩子看并说“把刚才爸爸 / 妈妈说的那些东西指给我看看”，再一次一边说出名称一边让孩子在图中指出。这不仅能培养孩子听的能力，更可以培养孩子的专注力，因此希望各位一定要试试看。

其他：分类问题

17 同类集合

“集合”一词的字面含义即“分散的人或事物聚集到一起”，如苹果、香蕉、葡萄、橘子……属于“水果”类的集合；玩偶、换衣娃娃、扮家家套装……属于“玩具”的集合。因此“集合”最重要的就是汇集在一起的事物之间具有的某些“共性”。

孩子将在学校学习“集合”，这虽然是略显遥远的话题，但如果父母在幼儿期帮孩子打下学习集合的基础，孩子更容易理解什么是“共性”。

语言解释可能比较困难，总而言之就是“聚集集合”。如在收拾“领带、公文包、卡套”时，若孩子能理解“这是属于‘爸爸的东西’的组合”，就能在日常生活中进行判断，诸如“双肩包是哥哥的东西，不能归到爸爸那里”。

●日常用品的“同类集合”

• 将厨房用品、餐具、洗护用品等各种生活中常用的物品给孩子看，要求孩子回答物品各自的名字、材质及使用方法。

• 选择任意两样物品进行比较，要求回答两者间的“相似点”和“不同点”。

• 寻找该类物品“小伙伴”，并说明它们是什么物品的“小伙伴”。

• 思考其他的集合，再次寻找“小伙伴”。

●好朋友聚集时的“小伙伴集合”

- 根据“女孩子”和“男孩子”来召集小伙伴们。
- 根据“白色袜子的孩子”和“其他颜色袜子的孩子”来区分。
- 根据“有哥哥的孩子”和“没有哥哥的孩子”来区分。

“集合”以及“小伙伴集合”，可使用分类卡片来进行实践，但最初还是推荐使用日常用品、玩具、家人、小伙伴等有利于孩子理解，且孩子感兴趣的事物来进行“寻找具有相同点的物品，并将其聚集”，即“伙伴集合”的游戏。要想引起孩子的兴趣，首先必须从身边的事物开始入手。这是所有练习的共通法则。

自然测量

18 感知物体的重量

在“自然测量”中，“大小”“多少”“长度”“重量”这 4 个“量”是主要的学习对象。

这当中“大小”“多少”“长短”通过眼睛即可判断，而“轻重”则无法用眼睛判断。但是由于“重量”可通过体感获知，因此对孩子而言，其具备了感观上易把握的特点。

教会孩子理解“轻重”的第一步就是去实际体验。让孩子手持物体，感受重量，试着比较 2 个物体之间孰重孰轻。

准备 2 个纸袋，其中一个放入字典等较重的物品，另一个放入纸巾盒等较轻的物品。不要让孩子看到其中的物品，提问孩子“哪个更重呢”，要求比较两者的重量。最初请使用相同大小的纸袋。不限定比较的方法，可以一个一个拿起来比，也可以同时拿起 2 个来比较，关键在于能自己去感受“重量”。

孩子习惯了以后，请准备外表和重量截然不同的东西，比如“小袋子里放入重的物品”“大袋子里放入轻的物品”。和刚才一样，再次提问“哪个更重呢”，目的在于使孩子不被“外表和重量的差异”迷惑，准确选出重的一方。

接下来就手掌大小的物品也进行一下“比较重量”。

箱子或球，任何物品都可以。为了显示“大小相同，重量不同”这一特点，请尽可能凑齐相同大小的物品。之前曾推荐各位使用内部塞满黏土的火柴盒，由于火柴盒如今不常见了，不妨利用空的零食包装盒。同上述方法一样，孩子手持 2 个小盒子，判断哪个更重一些。

除此之外，可使用日常生活中的各种物品进行重量的比较。比如，可利用卷心菜和生菜等蔬菜，也可使用孩子的玩具做比较。在日常生活的各种场合下，提问孩子“哪个更重”，帮助孩子把握“轻、重”的概念。孩子彻底领悟了这项内容后，让我们进入下一阶段“根据重量排列顺序”的学习。

比重游戏

自然测量

19 使用道具比较重量

孩子能通过手的掂量判断重量后，接下来将使用道具进行重量的比较。话虽如此，但并非是厨房里常见的电子秤。让我们来思考一下用什么方法能让孩子马上就发现“这边更重”？如果是带有指针和刻度的厨房用秤，则适用于“重量的学习”。观察“物品一放上托盘，指针便会移动”。接下来，让孩子体会“指针移动的幅度越大的一边就越重”，试比较各种物品的重量。使用第 18 节（第 91 页）中介绍过的小盒子，或是将玩具逐一上秤，寻找最重的玩具等，选择身边常见的东西即可。

还可使用弹簧或橡皮筋进行比重。将物品悬吊于同等长度的弹簧或橡皮筋下，越重的物体越能使其拉长。让孩子观察悬挂物品时弹簧或橡皮筋被拉长的样子，并对各种物品进行重量的比较。

像重量这样无法用眼睛直接判断的“量”，先通过手掂量来判断，其次采用看得见的道具将其可视化，有助于孩子加深理解。

自然测量

20 按照从重到轻的顺序排列

当孩子能判断出“轻、重”之后，这次请准备中等重量的盒子，和孩子一起来玩“重、轻、中等”的小游戏吧。此时若能准备玩具的跷跷板，便能一目了然地判断重量。

对孩子来说，要找出哪个是“中等的”并非易事。其窍门是先找到“最重的物体”。

首先 A 和 B 进行比较，找出较重的一边。确定 B 更重之后，将 B 和 C 进行比较，确定 C 更重后，就能知道三者间由重到轻的排序为“C → B → A”。

孩子习惯了该方法后，接下来挑战一下 4 个物体间的重量比较吧，做法和 3 个物体比较时一样，“两两对比找出最重的那个”。

一旦加到 4 个物体，孩子开始混乱不清时，可再次回到 3 个物体的重量比较。父母注意的是切勿操之过急，耐心地和孩子一起练习。

方位描述

21 记住左手和右手

在掌握空间的位置关系时，与很快就能记住的“上、下”“前、后”不同，分清“左、右”是幼儿的一大难题。无论是在指路时，还是从排列着的物体中选出指定的 1 个，都必须正确理解“左、右”。因此从幼儿期开始掌握正确的“左、右”意识是非常重要的。

日本从以前开始就以“右手持筷，左手拿碗”的方法来教孩子分清“左、右”。但这对于左撇子的孩子并不起作用。

在这里我建议的方法是“这是右手”，要求孩子清楚意识到右手，通过身体来记忆。一开始把左手称为“不是右手的那只”即可。总之，让孩子通过举手，或手持某物等各种方式记住“这是右手”。

明白了“左、右”以后，接下来是“听并理解”。父母向孩子发出指令“举起右手”“举起左手”，要求做到正确且快速地根据指示举起相应的手，还可以边说边打着节拍，使孩子快乐地参与其中。

接下来要搞懂的是“面对面的人的左右手”。父母在和孩子面对面的状态下，发出“举起右手”的指令同时，和孩子一起举起右手。父母还可以说出：“咦？我们好像举的不是相同的手呢？”用这样的话来提醒孩子注意，对方和自己举起的是相反方向的手。接下来，请保持举手的姿势不变，和孩子站成一排，接着告诉孩子：“你看，妈妈举的还是右手呢。面对面的话，看起来好像是举起了左手，实际上妈妈还是和你一样，举起的是右手。”

像这样重复几次，让孩子理解“站在对面的人的右手和左手，与我的相反”。

不仅是父母发出指令，也可以让孩子发出指令“举起左手，举起右手”，以游戏的形式来练习。在孩子理解了“对方的左和右”之后，接下来是“把礼物放在对方的右手上”的练习。

准备如沙包或小玩具等手掌大小的物品。父母保持和孩子面对面的状态，伸出双手，对孩子发出指令：“把沙包放在我的右手上。”孩子若能将指定的物品正确地放在对面父母的手上，即回答正确。

如果有其他孩子或家人在场时，也可对孩子发出指令：“请把红色的球放在 ×× 小朋友的右手上。”让孩子们彼此互换角色来进行。如果孩子出现混乱，可提示孩子“你排到他的后面看看”，来让孩子确认对方的左和右。

左右手游戏

方位描述

22 在家中散步

明白了“左、右”后，接下来进入实践环节。在家中，要求孩子根据听到的指示，来移动步伐。仅仅是走路的话，孩子很容易厌倦，因此可将花、球、玩具、书本等放置在各处，并发出指示如“把右边的花拿过来”“把球放在左边的椅子的下面”等，可将“前、后、左、右、上、下”进行各种组合后，发出指示。等孩子顺利完成后，下一步可让指令发出方与执行方角色互换，根据孩子的指令来行动。如果孩子能理解“面对面时，对方的左右与自己是相反的”并能正确发出指令，即代表成功。

另外，在外出购物或散步时，可有意识地向孩子发出方向的指令，如“下一个拐角向右拐”等。

在书桌上学习“前、后、左、右、上、下”的“空间意识”，远不如在生活中通过体验来感受，孩子更容易掌握。因此，父母进行“空间”的教育前，有必要自身具备一定的意识。避免下意识脱口而出模糊不清的表达，如“把那里的书递给我”等，注意指令的具体化。

方位描述

23 在纸上摆一摆

孩子能理解自己的左和右，对方的左和右，以及生活空间中上下左右的位置后，接下来我们将使用 5×5 的方格纸玩方位游戏。

和现实世界不同，思考纸上的位置时，该以哪里为基准，令人困惑，且极易造成混乱。但是，如果能理解是以自身的视点为基准的话，想必就能迎刃而解了吧。

最初从“左右”开始有些困难，因此可先从“上下”开始。准备 5×5 的方格纸和彩扣，接着发出指令“用彩扣把从下往上数的第 4 排填满”或“用彩扣把从上往下数的第 4 排填满”等。

方格纸可做得大一些，用小一点的玩具来排列，或使用黑白棋、将棋、围棋的棋盘，让孩子在棋盘上排列棋子也是非常有趣的练习。请尝试各种不同的方式。

认识图形

24 玩积木

之前也已提及，幼儿期的基本图形是“圆形、三角形、正方形、长方形、菱形”这 5 种图形。那么立体图形又有哪些呢？基本的有“正方体、长方体、圆柱体、圆锥体、三角柱、三棱柱”这 6 种立体图形。在记忆这 6 种立体图形之前，首先要弄明白什么是“立体”，并让孩子实际感受一下。

“搭积木”是有效提升立体意识的游戏之一。

“搭积木”一直以来都是孩子非常喜爱的游戏，不少孩子只要一拿出积木，就可一直沉浸其中。把积木当成小火车的样子来回移动，或是搭得高高的，搭成类似城堡的造型等，玩法层出不穷。

虽然任凭孩子的喜好自己玩，一样可以提升立体意识，但为了更好地提升效果，我将介绍几种父母能和孩子一起边玩边学习立体图形的游戏。

首先请父母给自己和孩子准备好各 8 块积木，利用其中的 4 块积木，搭成“田”字，剩下的 4 块以同样的“田”字造型叠加在其上方，双方的面前都搭成一个立方体。到这一步为止，父母可以和孩子一起把积木搭起来。

接下来要求孩子先蒙住眼睛，父母移动自己的立方体中的一块积木。让孩子睁开眼睛后，提问“刚才我移动了哪块积木呢”，如果知道的话，请做出相同的形状。

通过该游戏，培养孩子“仔细观察立体图形的构造”及“做出相同图形”的能力。当日后学习基本的立体图形时，这些能力将对找出各自不同之处的观察力起到积极的作用。

另一个有助于学习立体图形的基础的游戏是“神秘袋子”。

在可从两侧把手伸进去的袋子里，放入各种形状的积木。接着给孩子看要找的积木，让其用手在袋子里摸索，拿出相同形状的积木。也可不限于积木，可放入形状各异且触感不同的物体，孩子会相当高兴，十分投入地参与进来。如果做一个两侧可把手放入的袋子有困难的话，在物品上覆盖一层布也可以。不单依靠眼睛看，通过触觉、视觉、听觉、嗅觉、味觉等五感来学习，才是帮助孩子将知识牢牢扎根的窍门。请各位务必尝试看看。

Step1
Step2
Step3
Step4
Step5
Step6

认识图形

25 制作圆锥、画出圆锥

习惯了"立体"之后，实际动手画一画，用橡皮泥做出相同的东西，抓住立体图形的特征，加深理解。

有效掌握立体图形特征的方法就是实际动手做一个。推荐各位首选橡皮泥。比如，可先从"制作圆锥"开始。

凭空想象较为困难，可以把派对专用的帽子等身边的圆锥形作为范本。从各种角度观察范本，实际触摸，让孩子清楚掌握图形的特征是非常重要的，因此可以提醒孩子"你要从不同的地方仔细去看哟"。从大块的橡皮泥开始塑形，掰成小块再叠加，还可以使用橡皮泥专用小刀削去一部分等，不同的孩子有着截然不同的制作方法。捏橡皮泥没有正确答案，大可让孩子发挥想象，自由创作。话虽如此，要求孩子做成一个"圆锥"并不容易。在孩子反复尝试的过程中，时不时提醒一下，如"你试试看这样做呢"也是不错的方法。

顶部是尖的，侧面是顺滑的曲线，从上往下看呈现出"圆形"，从侧面看是"三角形"等，圆锥的特点远不止一个。关键在于要让孩子能注意到这些特点。

捏橡皮泥是孩子非常喜欢的游戏，也是培养立体感的优秀教具。

让孩子自由发挥固然不错，如果能事先给出范本，提出要求"试着做出和它一样的东西吧"，这更利于立体感的培养，使孩子更擅长了解图形特征。

下一步，孩子学会用橡皮泥制作圆锥后，接下来挑战一下把它画出来吧。

虽是要求“画出圆锥”，但无需做到像美术素描那样画上阴影突显立体感。满足孩子的喜好，让其乐在其中地去画，这比什么都重要。

即便是这种情况，“观察范本”依然非常重要。仔细地观察，通过快乐的手工或绘画来培养孩子的立体感吧。

数字概念

26 物品配对游戏

生活中的许多东西都是“配对成 1 套”的。

如“锅和锅盖”各 1 个，合在一起为 1 套，还有“咖啡杯和杯垫”“塑料瓶和瓶盖”等，都是如此。

这不仅仅是数学，在科学或物理的范畴中同样适用，即“1 个对应 1 个 = 一一对应”的概念。虽然这属于小学数学的领域，但也是极其生活化的意识，即便幼儿也能轻松理解。

如就餐前，1 双筷子要与 1 个筷架搭配成套后摆放。1 个杯子中插入 1 根吸管。1 个纸杯冰激凌要搭配 1 个小勺子。

像这样，孩子在日常生活中经历着“一一对应”。但也正因为过于日常化，未必能使其养成与数学方面有关的能力。

因此，有意识地去做“1 个要搭配另 1 个才能使其完整”是有必要的。

方法十分简单。在孩子面前摆放塑料瓶和瓶盖、花瓶和花、杯子和吸管（图片也可以）。对孩子说：“把它们组合起来吧！”随后，每当孩子伸手去抓一样物品时，可在一旁数出声来，“1 个杯子配 1 根吸管”。这样重复几次，孩子自然就能渐渐掌握“一一对应”的基本原则，也就是“1 个物品需对应 1 个物品”。

让孩子帮忙做开饭前的准备工作是极其有效的方法。“1 份味噌汤搭配 1 份米饭”，“1 双筷子搭配 1 个筷架”，像这样一边确认，一边摆放，就能在生活中自然学会“一一对应”。

“一一对应”虽是小学数学的内容，但也是与幼儿的生活密切相关的意识。吃饭的时候，或玩玩具的时候，一旦出现“一一对应”的情况，父母及时提醒“1 个○○和 1 个△△是对应的”，让孩子注意到。相信这样更能加深孩子对“一一对应”的理解。

Step1 Step2 Step3 Step4 Step5 Step6

数字概念

27 哪边多？多多少？

孩子习惯了“一一对应”之后，接下来将解决“哪边多？多几个？”的问题。

比如，准备 6 个容器、4 个盖子等配套的物品，一边比另一边多准备 1—2 个。此时可提的问题有 6 种，分别是：“哪边多？”“哪边少？”“哪边多几个？”“哪边少几个？”“它们之间差了几个？”“要让它们数量相同的话，该怎么做？”当然，一开始就提出 6 个问题，只会引起孩子的混乱，所以让我们从“哪边多”“哪边少”开始提问吧。

虽然对大人来说，都是一目了然的问题，但孩子往往会将意识停留在最初看到的，或自己喜欢的物品上，导致无法将两者进行比较，得出差额。另外，还有许多孩子，对于逐一清点物品的数量，得出其中差了多少的方法感到困难。

在此想让孩子试一试的方法是在第 26 节（第 103 页）介绍过的“一一对应”。

逐一给容器盖上盖子后，发现盖子不够。这时可以对孩子说：“少了盖子呢，那就是这边多了呢。”意在让孩子察觉“多的是容器，少的是盖子”。

接下来，提问孩子“容器多了几个呢”。若孩子明白“多了 2 个”，下一步，换个问题提问“那盖子少了几个呢”，同样是“少了 2 个”，但无法理解“少了”的孩子不在少数。此时可改变问题，问孩子“那还差几个，就能把容器都盖上盖子了呀”。如果孩子回答出“2 个”之后，父母可接着说“没错，确实是少了 2 个呢”。这样能让孩子把握“少”的意识。

“少了几个？”这样的问题，或多或少都能培养孩子与减法相关的意识。同时“还差几个就够了”这样的问题，则与加法密切相关。

像这样，父母用怎样的词语来提问，决定了孩子视点的变化，他们掌握的能力也会发生变化。

父母自身语言能力的提升，有助于孩子能力的多样化。“少了几个？还差几个就够了？”……父母要注意自身视角的转化，从多角度出发提问孩子。

语言表达

28 动词游戏

在教孩子词汇时，大多会提问孩子“这个叫什么呀”或用“这个叫 ×× 哟”来引出词汇。当然，并不是说这样不行，但这种方法，总是围绕着物体的名词，也就是容易变成以名词为中心。在第 15 节（第 87 页）中谈到一玩“词语接龙”，让人习以为常的是无论孩子还是大人的答案，都是以名词为主。

知道大量的物品名称绝不是坏事。但即便记住了大量的名词，也未必能提升表达自身想法的能力，更不能使孩子拥有丰富的表达方式。

重要的是能熟练运用形容动作的动词、形容状态的形容词和副词。这里和各位推荐的方法是“做短作文”。

一想到要写文章，给人好像十分困难的感觉，但只要根据“谁，做了什么，怎么了”的形式，填入内容，哪怕是孩子也能轻松完成。但如果突然就从“谁，做了什么，怎么了”的句型开始，只会导致孩子的困惑，因此先要从“动作的词语”，也就是动词的游戏开始。

首先，父母做出许多的动作给孩子看，让孩子用“爸爸 / 妈妈正在……”的句型来表达。可以由父母来一个接一个地做动作，也可以和孩子角色互换，以游戏的方式让孩子乐在其中。

另外，也可以给孩子看出现在童话书、杂志、广告上的图片，并提问“这是在做什么呢”。

汉语的表达方式丰富多彩，根据对象的不同，动词也会发生变化。比如“穿（戴）”这个动作，如果对象是衣服，就用“穿”；如果是帽子就用“戴”；鞋子的话也用“穿”。想要跳过这些体验直接记住动词之间微妙的不同之处，对幼儿来说是极其困难的事情。

正因为是日常生活中反复出现的动作，每次在做的时候，父母可以告诉孩子“鞋子是穿的”“帽子是戴的”，这是为了让孩子能自然地记忆词语所必须下的功夫。

每天朝夕相处的父母的词汇量和表达能力对于孩子在“语言”领域的学习起着重要的作用。注意避免无意间使用幼儿化的词语，或采取“这个”“那个”等随随便便的表达方式。

其他：理科类常识

29 切开的是什么？

充斥于生活中的大小事宜，许多都与学习密不可分。从大到小排序、摆放家人的餐具，这些不经意间帮忙做的家务，都会对孩子数学方面的意识培养起到作用。

像这样，在生活中习以为常，却与学习息息相关的事还有许多。由于只是无意识地在做，很可惜，并不会产生任何意义，单纯以帮忙做了家务而告终。若要将这些变为“掌握数学基础的相关练习”，父母的话语和引导至关重要。

比如，把水果切成一半是再正常不过的举动。如果只是切好端出去，并和孩子说“今天的点心是苹果哟”，这并不会拓展孩子对“苹果”这种水果的看法。

要拿出苹果的话，应先给孩子看完整状态下的苹果，再在中间竖切成两半，并对孩子说：“你看，把苹果切成两半，会变成这样哟。”让孩子看到苹果的截面。下次可以把苹果横切成两半，在给孩子看的同时解释道：“横着切苹果，就会变成这样哟。”随后再切成易食用的大小。

这样做的话，孩子能看到“完整的苹果”“竖切后的截面”“横切后的截面”以及“切成易食用的八分之一大小”这 4 种状态。

像这样，在食用蔬果时，让孩子观察蔬果被切成各种形状后的样子，有利于孩子自然地掌握理科类的常识。对孩子来说，世界充满了“没见过的东西”和“第一次见到的东西”。这样一来，当父母拿了横切成两半的水果的图片或照片给孩子看，就不会出现不知所云的情况，日常生活中，让孩子看到并确认物品的各种形状尤为重要。

与此同时，通过“这是 ×× 哟”告诉孩子蔬果、鲜花、生活道具等各类物品的名称，有助于培养孩子理科方面的好奇心，对掌握生活常识来说，相当重要。

可能有人会抵触把孩子领进厨房。但基本上，孩子都非常喜欢与吃有关的事，对父母所用的物品会产生极大的好奇心。让孩子触摸各种物品，拓展他们的世界吧。

其他：理科类常识

30 镜子游戏

就如同举起右手站在镜子前，镜子里映射出的是举起左手的自己那样，镜子具有“左右颠倒”的特点。但要让孩子理解这一点并不容易。

此处用到的是“数字”或“文字”。针对还不识字的孩子，推荐使用指针式钟表或电子钟等用到数字的钟表。

首先给孩子看钟表，确认数字的形状。等孩子看了实物的钟表能回答出“2 是面向这边的（也可用手指指出）”后，将钟表照向镜子，让孩子看镜子中数字的样子。然后提醒孩子：“咦？反过来了对不对？”使孩子注意到镜子中的数字是左右颠倒的。由于这些对孩子来说较难理解，可将“2”比作“小鸭子”的形状，提问孩子小鸭子现在面朝着哪一边。

接下来，让孩子站在镜子前，举起一只手。然后提问“现在举起的是哪只手呢”，左右手都让孩子回答一下。随后问“镜子中的你，举起的是哪只手呢”。

如果孩子回答“我举起的是右手”，证明其陷入了“右手”这个答案中，无法得出“镜子中的自己举的是左手”这一正确答案。

这个时候，可以站在孩子的身边，使镜子映射出两个人举起右手的状态。然后向孩子确认“我们举起的是同一边的手是吧”。接下来保持举手的状态，孩子原地不动，父母站到镜子旁。这样一来，孩子就能察觉到镜子中的自己和站在镜子旁的父母，与自己举起的是相反方向的手。此时父母可以指出：“虽然都是举起右手，镜子里照出的左右是相反的。”

这样的练习和数字照镜子的方法重复几次后，孩子就能体会并理解“镜子的神奇之处”。

体会“不可思议”的感觉，有利于培育孩子理科方面的好奇心，希望各位能引入日常生活中。

Step1 Step2 Step3 Step4 Step5 Step6

自然测量

31 比较长短

在自然测量中比起“大、小”“多、少”“轻、重”，对孩子来说“长、短”更是难题。用“大”来表达绳子等物品的长度，或说成“长、小”等，错误的表达方式层出不穷。另外，就像无法一眼判断出散落放置的铅笔的长度那样，孩子受限于外观和拿在手里的感觉，无法立刻得出回答，这也是孩子在“长、短”问题上产生混乱的原因。

首先，收集各种长度的棒状物品（铅笔或竹签都可以），从长到短排序。此时只是在一旁看着是无法明白长短的区别的。因此需要让孩子从思考“如何才能比较物体的长短”开始学习。由于孩子很难自己发现“两端对齐摆放”的方法，让其思考到某种程度之后，父母就可以手把手带着孩子解开问题。

学会对棒状的物品进行比较后，接下来是对绳子或塑料制的链子等物品进行长度比较。

这时可以故意摆成圆形，或将笔直的物品与波浪状的物品放在一起，使其无法一眼就判断出长短，以此提升难度，使练习变得有深度。父母可以一边握住孩子的手，一边说：“先将每个东西都拉直，然后两端对齐，再摆放。”直至孩子可以完成这 3 个步骤。

孩子能从长到短排序后，接下来要求孩子找出指定的物品，即“第……长的是哪一个呢”。在要求孩子找出“第……长的是哪一个”的同时，提问“那么，按从短到长排来看，它是第……个呢?”思考“从长到短是第……个，从短到长是第……个”也是转换视角、观察事物的一种练习。考察孩子在面对突发状况时是否马上就能想到对策，这不失为一种培养灵活思考的基础训练，还望各位能积极引导孩子参与其中。

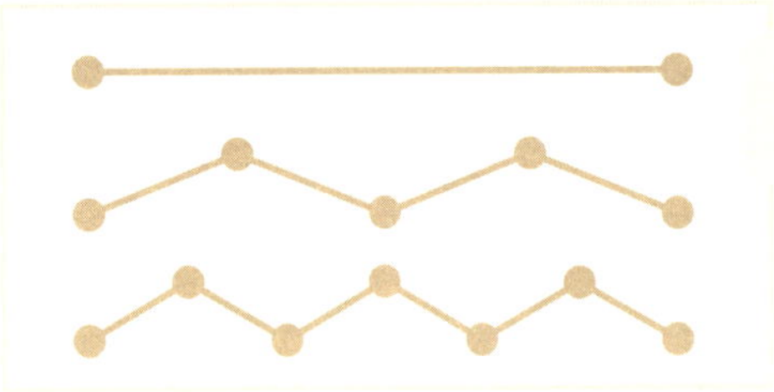

最长的绳子是哪根?

自然测量

32 巧借工具比较长短

不仅仅是长度，大小、重量的比较也分 4 个阶段。首先是“直接比较”法，也就是将两个物体并排或重叠进行比较。其次，在无法直接比较的情况下，可寻找中立的物体，以此发现两者间的不同，即“间接比较”法。例如，比较桌子的宽度和门的宽度时，利用绳子贴紧实物，对比两次所量得的绳子的长度。第三是确定基础单位“1”的标准，再调查一共有多少个“1”的“个别单位”法。摊开手掌，把小指到大拇指之间的宽度设为“1”，以此测量有多长。第四是使用国际通用单位“米”“克”的“普遍单位”法。

由于“普遍单位”法是成为小学生以后要学习的内容，因此在幼儿阶段，掌握到“个别单位”的使用方法即可。

第 31 节（第 113 页）中介绍的就是“直接比较”法。接下来，将学习“间接比较”法和“个别单位”法。

“间接比较”法是在无法直接比较的大物体之间使用。比如，可提议“我们来调查一下冰箱和桌子谁的宽度更长吧”。接下来，把绳子贴紧冰箱，测量宽度时绳子要拉紧（可在绳子上做个记号）。接着将绳子贴紧桌子，比较桌子和冰箱哪个宽度更长。用同样的方法，向孩子提议“找找看比冰箱的宽度更长的东西吧”，可以和各种物体的长度进行比较。

接下来是“个别单位”法。测量汽车等大型物体的话，让孩子尽力把两手张开，并提问“相当于几个小朋友呀”。如果是较小的物体，使用火柴或牙签会方便许多，如“绘本的宽度为 5 根火柴，但妈妈的书的宽度只有 2 根火柴”。可借此测量并比较各种物体。

在纸上画几条由直线构成的小路，用火柴棒测量“哪条路最长”，这也是不错的方法。

通过上述操作，孩子学到的“（长度为）几根火柴”“相当于几个自己”的方法，迟早会在孩子学习“普遍单位”的测量法时，发挥极大的作用。

方位描述

33 在方格上摆放彩扣

第 23 节（第 98 页）中提到使用方格纸认识“纸上的上和下”，在此将进一步表示更具体的位置。

和之前相同，父母准备 5×5 的方格纸和彩扣（小玩具或棋子都可以），接着发出指令“将彩扣放在从下往上数第 4 排”。当孩子把彩扣排成一排后，提问“一共放了多少颗”。孩子回答“5 颗”之后，接着提问“从上往下数是第几排呢”。孩子回答“从上往下数第 2 排”之后，可告诉孩子“没错，从下往上数第 4 排，从上往下数第 2 排”，来确认两种不同的观察角度。

完成上述内容后，下面我们把方格看作是公寓，对孩子说“现在要把行李送到房间里”，让孩子在任意的地方摆放一颗彩扣。接着，父母说“我们要把房间的位置告诉快递小哥哥”，让孩子说出彩扣摆放的位置。于是孩子会回答“从上往下数第 2 排，从下往上数第 4 排”。这时，父母可以指着和放彩扣位置不同的格子，故意弄错说“是这里吗”，也可以在指出前，口中数着说“从上往下数第 2 排，从下往上数第 4 排”。

重复几次，让孩子察觉单靠“从上往下，从下往上”的说明，无法表达特定的位置。此时可在一旁提议“这次横着数数看”，让孩子发觉“从右往左数第 2 列，从左往右数第 4 列”的位置。

接下来，再次提问孩子“告诉我这个位置”。假设这次孩子的回答是“从右往左数第……从左往右数第……”，此时可以和刚才一样，指着错误的地方问孩子“是这里吗”。

等孩子明白了只说“从上往下……从下往上……”或“从右往左……从左往右……”是无法解释方位的之后，可以告诉孩子：“这里是从上往下数第 2 排，从右往左数第 2 列。”教给孩子，只有“上下”“左右”两个不同的视角都有了，才能确定方位。等孩子理解了“这样做的话，快递小哥哥也不会弄错了”后，这次把彩扣放在不同的地方，让孩子从“上下”“左右”对位置进行说明。

习惯了以后，父母可以给孩子出题：“请将行李送到从上往下数第 4 排，从左往右数第 1 列的房间里。”要求孩子将彩扣放到指定的位置。

方位描述

34 根据不同的指令摆放彩扣

第 21 节（第 95 页）的“记住左手和右手”中曾出现过“把沙包放在对面的人的右手上”这一小游戏。再次老生常谈，这是“站在对方的视角看事物”的练习。

对非常容易拘泥于自身视角的幼儿来说，切换视角思考“对方看来是怎么样的”极其困难。经常不能理解“从小伙伴的角度来看”是怎么回事。因此让孩子重复练习“从对方的视角来看，会是哪一边”，牢牢把握该种思考方式是非常重要的。

针对孩子的老大难问题“改变视角观察”的练习，使用方格纸的话，更通俗易懂且有效。

方格纸的“上、下、左、右”任何地方都可以数。如 5×5 的方格纸，可以说“从上往下数第 4 排，从右往左数第 2 列”，还可以说“从上往下数第 4 排，从左往右数第 4 列”“从下往上数第 2 排，从右往左数第 2 列”“从下往上数第 2 排，从左往右数第 4 列”，共有 4 种表达方式。（参照下图）

首先，效仿第 33 节（第 117 页），向孩子发出指示“将彩扣放在从上往下数第 4 排，从右往左数第 2 列的位置上”。孩子依照指示摆好后，接着对孩子说：“请说明一下，你把彩扣放在哪里了？”想必孩子会根据最初的指示内容，回答“从上往下数第 4 排，从右往左数第 2 列的地方”。此时，可提议“试试看用不同的说法告诉我”。可能最初有些孩子会不理解提问的目的。之前也曾提到过，这是因为孩子具有一旦发现了某个视角后，就无法再察觉到其他角度的特质。此时可以提醒孩子“不要单从上往下，也可以从下往上看看”“不从右边开始，还可以从左边开始数”等，有必要让孩子注意到别的视角。孩子说出答案后，可以继续提问：“没错，但还有别的说法，你知道吗？”为了让孩子能理解“即使是在说明同一个位置，也有 4 种不同的表达方式”，还请父母耐心地和孩子一起练习吧。

认识图形

35 图形记忆游戏

“记忆力”是证明头脑聪明的能力之一。如同考前要记忆重要的考点那样，能做到巧妙记忆重点知识，在必要的时候能回忆起来，并运用自如，这对于学习来说是必不可少的能力。

那么，如何才能培养记忆力呢？

这里需要的是仔细观察事物、准确把握特点的能力。

幼儿期的记忆力训练五花八门，我认为不必不分青红皂白地让孩子全部记住，而是同时能锻炼观察力的练习才是必要的。

在此想推荐给大家的是“图形记忆游戏”。给孩子看并记忆 1 张图片的内容，然后遮住图片，让孩子在其他略有细微不同之处的几张图片中，找出与最初看到的内容相同的图片（参照下图）。

把正确的图片和错误的图片摆在一起，让孩子一边比较一边找出不同之处，也就是“找茬”，只能考察孩子的观察力。但“图形记忆游戏”则是要求孩子记忆原图后，选出正确的图片，观察力之外的记忆力也变得尤为重要。

要想再进一步的话，可以给孩子一定的时间，观察并记忆 1 张包含了各种要素的图片，随后让孩子在几张错误的图片中找出不同之处，这可以同时锻炼观察力和记忆力。

在家庭中做这些小游戏的话，可以选择孩子喜欢的卡通人物，使用卡通人物的不同造型的插画来制作卡片。也推荐各位将本节中介绍的插画复印并使用。

可根据以下的流程进行。各种卡片准备 2 组。要求孩子从第 1 组卡片中选出“正确的图片”，在稍远的地方放上另一组卡片，一定要求“观察并记住正确的卡片后，将卡片放在原处，随后去第 2 组卡片的地方进行选择”。遵守规则，使练习产生趣味性，让孩子更愉快地参与其中。

Step1 Step2 Step3 Step4 Step5 Step6

认识图形

36 把点用线连起来

就像第 7 节“画出‘菱形’”（第 76 页）中提到过的那样，对孩子来说，要画好一条斜线是相当困难的。如同被纸张的一端牵引，常常会画成一条平缓的曲线。但是由于“会画斜线”是与随心所欲地画出任何图形密不可分的一环，重要程度可见一斑，因此有必要通过各种方法，让孩子练习画“斜线”。

相关方法即在第 76 页中介绍过的“在桌子的对角线上摆放 2 颗彩扣，要求两点之间用笔直的线相连，让孩子用彩扣摆放”的方法非常有效。在此方法上更进一步，在纸张的对角线上画 2 个圆点，让孩子画出连接两点的直线，也是不错的方法。但是对孩子来说“画出直线”的难度颇高，而且单单是画线，毫无趣味性可言，孩子很有可能很快就会产生厌倦的情绪。

在此想向各位推荐的方法是如下图，在纸上画出 5×5 相同间隔的点。用圆珠笔或铅笔画好后复印几张备用即可。

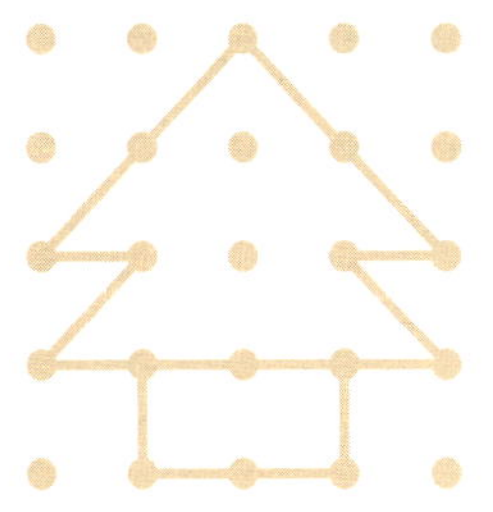

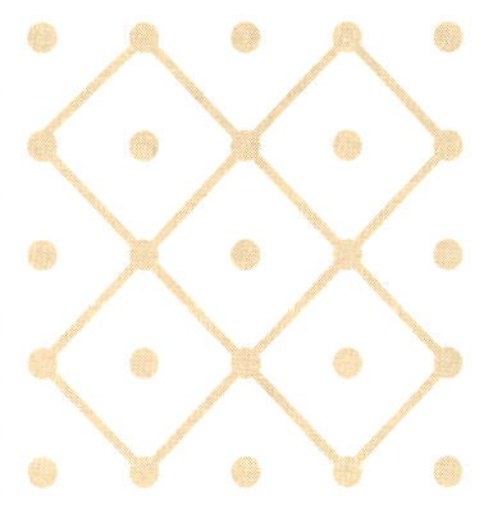

用铅笔将点和点连起来，描绘出图形。孩子还不适应时，可使用 3×3 的方格形状的点状图。首先从要求孩子画出直线（水平 / 垂直）开始吧。习惯后再做画斜线的练习。最初可从连接 2 个点的线开始，随着渐渐熟悉，可提升至连接 3 个点、4 个点、5 个点。

会画直线和斜线后，下一步是图形。

连接点和点，试着画出三角形、方形、菱形。等三角形、方形、菱形画得顺手后，最后是给孩子看范本，画图形。什么图形都可以，但一定要求孩子遵守“连接点和点”的规则。

试着画出几个菱形相连接或圣诞树的图案等，用 5×5 的方格纸同样也可以画出丰富的图案。

这种方法是通过点与点的相连构成图形，也称作“点图形”。习惯了 5×5 后，可增加点数，让孩子体验到更缤纷的点图形的快乐。

Step1 Step2 Step3 Step4 Step5 Step6

数字概念

37 使用扑克牌分类

找到事物的共通点，并以此来区分的做法叫作“分类”。对孩子而言，玩耍时的分组，把零食分给小伙伴等，都是贴近日常生活的事情。

换一种说法，“分类”也指找到事物的共通点，聚集具有这些共通点的小伙伴们。明确以何种观点来寻找共通之处的同时，要求孩子能够说明是“如何进行区分”的。

比如，当看到有几个小伙伴在一起时，可向孩子提出：“请召集有相同特点的小伙伴，试试看给伙伴分类。”分类方法可以是“根据男孩和女孩来分类”“根据衣服的颜色来分类”或“是否戴了帽子来分类”等，分类的标准不受限制。但是孩子一旦陷入某个想法，如“根据男孩和女孩来分类”，就无法察觉其他的方法。

本节中，将通过分类的小游戏，告诉孩子“哪怕是一件事，也有各种分类的方法”，学会“改变观点”。

那么，要说这个方法是什么，在教孩子“分类”时，最通俗易懂的教具就是扑克牌。若使用 52 张的整副扑克牌，会因数量过多，成为孩子混乱的源头。建议从各种图案的数字扑克牌中选取 2 种（如“2”和“6”总计 8 张），再从有人形图案的扑克牌中选取 1 种（如“Q”总计 4 张），合计使用 12 张扑克牌即可。

将 12 张扑克牌，交给孩子并要求“试试看把它们分类”。扑克牌根据“颜色不同”“数字不同”“图案不同”至少有 3 种分类方法。此外，可能有的孩子还会根据“圆的图案，还是尖的图案来分类”。孩子按自己的想法分类后，提问孩子“你是如何进行分类的呀”，要求孩子说明理由。确实分得不错的话，先表扬孩子“分得很好呢”，接着说“那么，这次请试试看用不同的方法来分”。孩子若能做到的话，可继续提问“还有别的方法吗”，引导孩子学会从不同观点出发，对扑克牌进行再三的分类。

上述的方法能使孩子学会“共通点并非只有 1 个”以及“不同的观察方法，所看到的东西也不相同”。

扑克牌分类游戏

数字概念

38 平均分配一个物体的游戏

给小伙伴分零食，往大家的杯子里倒果汁，“分配”对孩子来说是极其常态化的事。但能做到正确且公平分配的孩子却不多。

物品不同，分配方法也各不相同，就孩子而言较为简单的是将未分成单个的东西，尽可能分成等分。比如把果汁倒在大家的杯子里或分切蛋糕，指的就是这种情况。像这样未被分割的物品被称为“连续量”。

拿出 2—4 个杯子，将有颜色的水进行等分，或将绳子分为 2 等分、4 等分，把 1 张彩纸折成 4 等分，请让孩子尝试用各种物品、各种方法挑战“连续量的等分”。当然，在还不熟练时，很难做到“公平分配”，这时可在一旁指出“这份少了呢，这样大家要吵起来了”。

为了保证能做到等分，需一边确认一边调整，反复进行。这些小细节都会成为日后学习“除法”的基础。

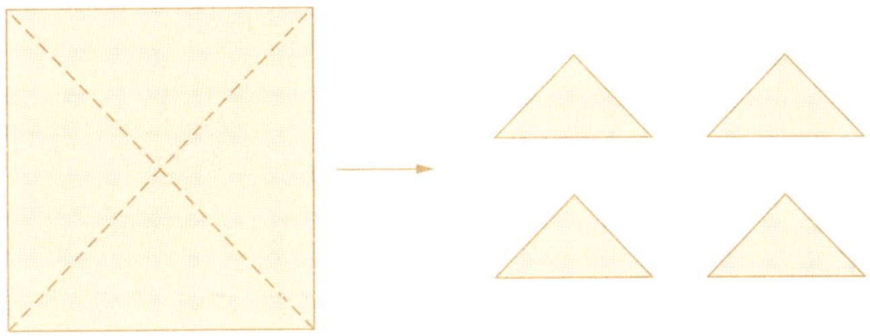

数字概念

39 平均分配被打乱顺序的物体的游戏

除了“连续量的等分”，也让孩子尝试把卡片、糖果、彩扣等复数个体的物体，根据人数来等分看看吧。这被称为“分离量的等分”。比如，准备 4 个餐盘和 12 颗糖果，如果要求孩子“把这些分给大家吧”，孩子往往会先随便抓几颗糖果放在餐盘上，此时请提问孩子“如要分给每人同样的数量，该怎么做呢”。随后，教孩子发现依次将糖果一颗一颗放入餐盘的等分方法。接下来，准备 4 个餐盘，15 颗糖果，试着让孩子挑战等分后会出现余数的情况。这时，大多数的孩子都会在依次将糖果放入餐盘后，将剩余的 3 颗也分别放入 3 个餐盘中。这个时候，需指出“这样的话，大家的数量就不一样了”，并对孩子说“可以出现剩余的糖果”。这个练习能帮助孩子顺利接受在小学的学习中极其容易碰壁的除法问题。

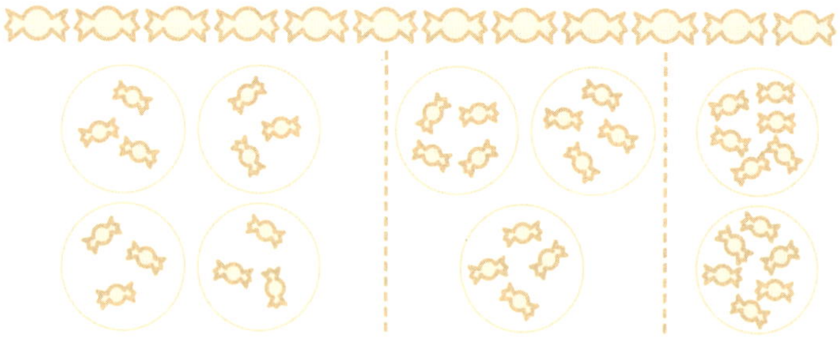

语言表达

40 编故事

幼儿的语言学习大致上可分为 3 个部分。“名词”“动词”等词汇的“单词学习”、认真听他人说话并加以理解的“理解说话内容”以及“编故事”。无论哪种情况，在幼儿期都不会直接涉及“书写”的问题。让孩子听故事、巧用图画来进行练习。

与阅读理解的能力密切相关的“理解说话内容”中，读故事给孩子听是其重要的支撑。如往常那样，给孩子读了故事后可提问“出现了谁呀”。不仅仅提问出场人物，还可要求孩子依照时间顺序回答，如“试着说说出场的先后顺序”，或就特定的出场人物进行详细的提问，如“一开始去了哪儿”“先做了什么”等问题。

如“小兔子和小熊在讨论关于小松鼠和小狐狸吵架的事情”等，虽然故事中出现了好几种动物，但实际上出现的只有其中一部分（此处出现了小兔子和小熊），像这样，让孩子听一些略微绕弯的故事并回答问题，有助于培养其听的能力。各位一定要试试看。

“编故事”与写作能力密不可分。在小熊会里会进行以下练习：给孩子看不同时间序列的 4 张图片，要求排列正确的顺序，并编一个小故事。如果是在家庭内实践，可使用无字图画书，要求孩子自己编一个小故事，或给孩子看 1 张图片，要求其编出前后发生的故事等，巧用各种方法进行实践。

在“编故事”中，特别需要注意的是词语的使用。在这里，需要强调的是主语和谓语的区分。

“编故事”中“谁做了什么”，就是让孩子清楚区分主语和谓语是非常重要的。比如，给孩子看郁金香的图片，并让其“编故事”时，如果孩子说“种了郁金香”，请向孩子确认“是谁种了郁金香呢”。有些孩子会回答“是我种的”，还有些孩子会回答“树林中的小熊种的”诸如此类以虚构的角色作为主人公。清晰地表达主语，决定了故事中的出场人物。让孩子切实感受到，只要故事中的出场人物确定了，故事就能无限拓展，这也是“编故事”的意义及其乐趣所在。

其他：手指的灵敏性

41 手指游戏

“手指的灵敏性”是孩子重要的学习内容之一，即指能否灵活运用手指做一些细致的事情。不仅具有多种令人期待的效果，而且在生活中轻轻松松即可办到，是家庭幼儿教育中不可多得的一项练习。灵活的手指对步入小学后开始的提笔写字起着积极的作用，能给予大脑刺激，有助于脑部发育等。

用到手指的练习中具有代表性的三样物品是“筷子”“绳子”“剪刀”。下面我们分别来列举一下，利用这三样物品能做到什么。

●筷子

• 用筷子去夹，将各种物品从一个盘子移到另一个盘子……可以是剪成块的海绵或棉花糖等，从柔软且大块的物体开始练习，渐渐变为硬且较小的物体，最终目的是能夹住大豆类的东西。

夹豆子游戏

●绳子

- 把 4 根绳子打结做成一个环。
- 将铅笔等几支棒状物体，收拢捆扎……最初打普通的结（即“死结”），孩子能做到以后，可打蝴蝶结捆扎。
- 几本书叠加捆扎。
- 自己扎头巾，重点是在看不见的情况下打结。
- 自己系围裙。
- 将绳子穿过纸上的洞。如在较厚的纸上凿出小洞，如 2×6 或 4×4 的点状排列，要求孩子用绳子穿过小洞，做出和范本一样的形状。

●剪刀

- 将彩纸剪碎。
- 剪断各种材质的绳子。
- 剪下纸上画好的图形或图案。

自然测量

42 谁是第一？三选一

在“自然测量”中，我们学习了“大、小”“多、少”“轻、重”“长、短”各种量，以及各自的比较方法，在此基础上将步入一个新的领域，那就是“三者关系”。

比较 2 个物体并判断“哪个大？（或哪个多？哪个重？）”，只要理解了比较的方法，就不会太难。

“三者关系”是要决定三者的顺序，比较的对象一旦变为 3 个，幼儿会突然陷入混乱。比如判断“3 人中谁跑得最快”时，最简单的是让 3 人同时比赛。若不是这种情况，而是“比赛为 1 对 1”时，让孩子试着思考一下，如何才能确定谁是最快的。

由于 3 人无法同时比赛，因此无法一次得出结论。该情况下，首先 A 和 B 比赛，接下来 A 和 C、B 和 C 分别比赛，比 3 次，必须观察 3 次比赛的结果才行。

若结果是 A 和 B 比赛，B 获胜；B 和 C 比赛，C 获胜；A 和 C 比赛，C 获胜的话，此时提问孩子“谁最快呢”，有些孩子会回答“B 和 C”。此前也曾提到过，年幼的孩子一旦局限于 1 个事物，就无法再留意其他的事物，那么在三者的关系中也同样如此，局限于单次获胜的结果，无法从整体上思考，也就解答不了正确答案。

这种情况，需要时刻留意 C 的对手是谁，并同时思考其中的关系，才是解开问题的钥匙。我们的目标并非仅仅是找到最快的是谁，而是能按照速度快慢正确排列 A、B、C 的顺序。

要让孩子理解三者的关系，父母、孩子 3 人一起来猜拳也是不错的方法。此时，我们采用两两猜拳的方法，要求孩子思考：谁是赢得最多的人？谁是输得最惨的人？和上述介绍的赛跑的例子有所不同，赢了的人和输了的人都在自己的眼前，只要孩子能留意每个人赢的次数和输的次数，相信很快就能得出正确答案。

自然测量

43 使用跷跷板比较

即便对于孩子来说，跷跷板也是可用来比较重量的简明易懂的道具。我们将使用跷跷板，教孩子学习三者的关系。

跷跷板的构造简单，把两个物体分别放置于两端，跷跷板会朝重的一端倾斜。首先要让孩子能理解这样一个构造。

一开始，准备三个大小相同、重量不同的小箱子。将其中的两个放在跷跷板上，让孩子看到“跷跷板放上两个物体后，会朝着重的一端倾斜”，让孩子在了解跷跷板结构的同时，理解“哪一边更重”。

接下来，向孩子提出“那么，在这三个小箱子中，最重的是哪个呢？我们用跷跷板来调查一下吧”，让孩子动手试一试。

想必孩子一头雾水，只会一个劲地往跷跷板上放东西。“这个比那个重呢”“这次这个比那个重呢”，父母一次次的提醒，能让孩子意识到“哪个更重”。然后，等孩子尝试到某一程度后，取出其中任意的两个，对孩子说：“下面我们来调查一下，这两个，哪个更重呢？”

接下来，当孩子知道了哪个更重后，接着说：“那么，我们来比比看，重的这个箱子和剩下的那个箱子吧。”让孩子动手尝试。如果是最后剩下的那个箱子更重的话，可以对孩子说“这个箱子最重”。相反，如果是剩下的那个箱子较轻的话，那么就能得出，最初比较的时候，较重的箱子是最重的。在比较两个物体重量的同时，通过每一次的明确指出，和孩子确认“这个更重哟”，就能让孩子逐渐明白“比较后，留下较重的一方，留到最后的便是最重的物体”。

如下图“观察图中的跷跷板并做比较”的问题，容易导致孩子的混乱。这种情况下，推荐再次实际操作跷跷板，让孩子通过触摸，双眼的观察来确认。能理解实物，却理解不了画在纸上的内容，在孩子身上屡见不鲜。请不要忘记，时刻回归实物，通过五感来确认事物，是孩子学习必不可少的环节。

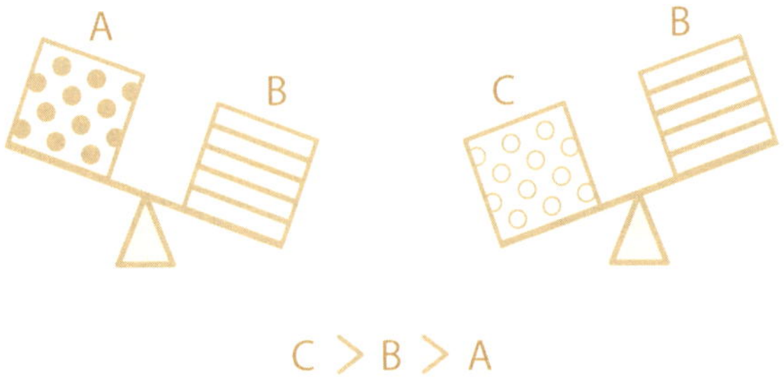

方位描述

44 从不同的角度画出物体

假设，在桌子的中央放上插有鲜花的花瓶。从正面可以看到硕大的叶子映衬着五彩斑斓的花朵，但从相反方向看，被叶子遮挡几乎看不到花朵。像这样，即便是一种物体，根据看的方位不同，看到的东西和形状也不相同。

对大人来说理所当然的事情，但孩子却怎么也理解不了，往往会认为“自己看到的，就是全部”，有时会因无法理解“自己能看到的东西，别人不一定能看到”而与他人产生争执。

但是可以这样认为，即便是同一个物体，一旦从不同的方位进行观察，看法也会随之改变，而掌握这样的意识，不仅仅是为了学习，对于人性方面的成长也是必不可少的。

此处，希望各位付诸实践的方法是“四方观察”法。

将烧水壶、壶、小茶壶等有壶嘴的物品置于桌子中央，画出所看到的东西。画好后，在不一样的地方坐下，画出该方位所看到的水壶。如果能和其他孩子一起来做的话更好，4 人围绕水壶，坐在 4 个方位，各自从不同的方位画出水壶，即可直观地看出视角差异。

画好的水壶共有 4 种类型，壶嘴朝右的画，壶嘴朝左的画，壶嘴朝向正面的画，以及看不见壶嘴的画。（参照下页图）可以和孩子一起观察这些画，同时向孩子确认：“画的是同样的水壶，但为什么结果不一样呢？”随后，试着向孩子提问：“为什么会差这么多呀?”想必孩子一定会回答“因为是在不同地方画的”。随后可以再次向孩子确认说:“没错，看的方向不同，哪怕是相同的东西，看到的形状也会大不一样。”通过类似经验的积累，孩子便能以一种实际的感受，逐步记住“看的位置改变了，看法也会随之变化”。

在进行“四方观察”的时候，关键在于要使用“形状非左右对称的物品”。虽然用表里的颜色和花纹不一样的东西，也能让孩子积累“从不同的方位去看，看法也不相同”的经验，但物品本身的形状越是不一样，越是能给予孩子惊讶和发现。

方位描述

45 找一找是从哪个角度观察的

就像第 44 节（第 137 页）中提到的“从不同的角度画出物体”那样，从 4 个不同的角度观察并画出同一样物体，最终可以完成 4 幅不同形状的画。接下来，将使用这 4 幅画，从不同的观点实践“四方观察”。

首先，拿出其中任意 1 幅画并提问：“这是从哪个方向画的呀？”让孩子推测画图的方位。这是观察图片，推测从哪个方向看的小练习，但对于孩子来说并不容易理解。特别是无法区分水壶的壶嘴朝左以及朝右的画的孩子不在少数。

当孩子答不出正确答案时，可以手持图画，站在水壶的四个方向，让孩子比较每个方向上看到的水壶的形状与画的内容是否一致。即便如此，对于部分孩子来说“壶嘴的左边以及右边”仍然是一大难题。常常会出现，哪怕壶嘴朝着相反的方向，统统回答“从这里画的”的情况。此时，可以指出：“再好好观察一下，壶嘴是朝着哪个方向的呀？”有必要通过提醒，使孩子有所察觉。

看图能判断出画画的方向之后，接下来，让孩子尝试从 4 幅画中推测，除自己以外的人，看到的形状是哪个？

父母站在任意的位置上对孩子说：“从图画中选出，在爸爸 / 妈妈这里看到的水壶的形状是哪一张呢？”这种情况下，大多数的孩子都会选择自己看到的形状的图画。由于这是常见错误，请不要厉声否定孩子说“不对”，而应该说“你拿着这幅画，到爸爸 / 妈妈这里来一下”，让孩子拿着画走过去，随后指出：“爸爸 / 妈妈看到的形状，和你看到的形状不一样吧。”在此基础上，换一个位置，让孩子试试看。

幼儿期的孩子常常会出现即使被指正错误，还是会 2 次、3 次犯相同的错误。但这是非常正常的事情。虽然作为看在眼里的一方，可能会着急上火，但请不要焦急、发怒，耐心和孩子一起练习。

“四方观察”是一种“思考对事物的不同看法”的训练，也是“换位思考”做到体恤他人的第一步，因此是极为重要的学习，请务必和孩子一起反复练习。

认识图形

46 分割图形

折叠正方形的彩纸以及做出各种形状的折纸，是即便在家也能进行图形基础学习的优质教具。在这里，要让孩子尝试的不是“折纸游戏”，而是“剪纸游戏”。

首先，如下图所示，准备已画好线的彩纸，要求孩子沿着这条线来剪。接下来，试着提问：“什么样的形状，有几个呀？”等孩子回答出如“正方形 2 个，长方形 1 个”“大的三角形 1 个，小的三角形 2 个”等答案后，再要求孩子：“把剪下的图形进行组合，拼成最初的形状吧。”即让孩子把剪下的彩纸，像拼图一样组合，摆出原先正方形的样子。

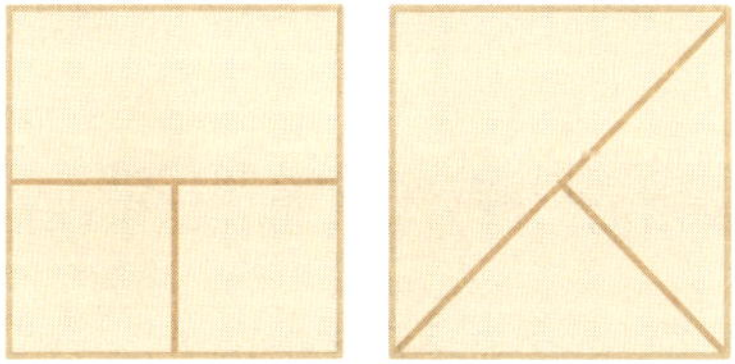

通过这些步骤，让孩子体验“剪开正方形后，能得到其他的形状”。

接着，使用没有画线的彩纸，要求试着剪出各种形状。最初从较为简单的问题开始，如“请剪出 1 个长方形，2 个正方形”的程度即可。再比如“1 个正方形、1 个长方形、2 个三角形”“2 个三角形和 2 个长方形”等，口头下达指示，为了让孩子能剪出要求的图形，请让其反复进行练习。

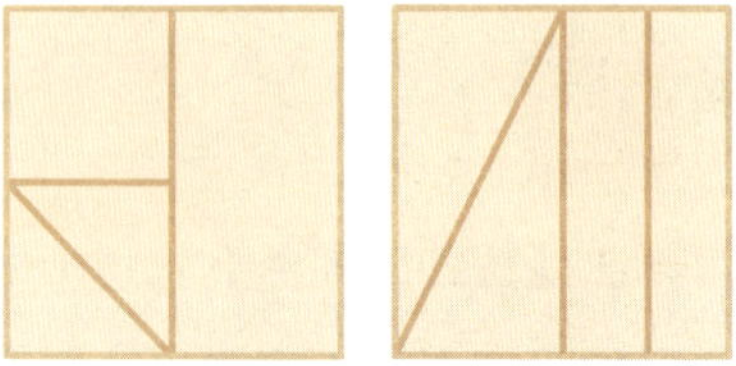

随后，把剪好的三角形和长方形、正方形摆在一起，对孩子说：“再把这些图形进行组合，拼一个正方形吧。”要求孩子组合剪下的图形，还原出一开始的正方形。

像这样，重复进行将 1 张折纸剪成各种形状，再拼回最初的正方形的练习，之后即可进入下一个阶段。

接下来，使用 1 张彩纸制作“相同大小的 8 个三角形”。孩子能做到的话，让孩子来做；若不行的话，可由父母来完成。随后利用 8 个三角形，让孩子做出各种形状。最初从“利用这 8 个三角形，做出同等大小的 2 个大三角形（或 4 个）”这样简单的问题开始，也可出一些较难的问题，如父母在纸上画出各种形状，并要求孩子“试着做出和它一样的形状”。

通过经验的积累，孩子如果能明白“哪怕第一眼看上去很复杂的形状，也可分割成三角形的集合”的话，则有助于孩子在小学高年级阶段关于求“复杂图形的面积”的学习。

数字概念

47 招待小客人的游戏

第 26 篇（第 103 页）的“物品配对游戏”中介绍的“一一对应”，是指“1 个对应另 1 个”。如“1 双筷子搭配 1 个筷架”“1 个杯子搭配 1 根吸管”，对孩子来说，这是在生活中经常碰到且易于理解的概念。

但在“分给大家”时，经常并非都是“一一对应”。如“5 个小伙伴，1 人分 2 颗糖果”等，多为“1 人能分到几个”的情况。我们把这种情况称为“1 个对应多个”。由于“1 个对应多个”也涵盖了乘法的基础思考方式，因此将采取易于孩子理解的方法，让孩子逐步习惯。

“扮家家，招待客人”是能让孩子直观体会“1 个对应多个”的方法。

首先，向孩子提议：“要来 5 位客人，我们来准备招待客人吧。”接着，发出具体指示：“请给每位客人准备 1 个杯子，2 颗糖果，以及大家一起玩时要用到的彩纸，每人 3 张。”让孩子思考，如果给 5 位客人分发指示所要求的物品，那么分别要准备多少才行？一开始孩子可能会随便拿几个过来。

但这时请先不要指出“不对”，而是如果拿多了，就问孩子“多了几个呀”；相反，少了的话，问“还差了几个呢”。让其回答分别少了或多了几个，直至能正确分配数量。

拿刚才的例子来说，正确答案是 5 位客人，要准备杯子每人 1

个，即共 5 个杯子，糖果每人 2 颗，共 $2 \times 5=10$ 颗，彩纸也一样，共 $3 \times 5=15$ 张彩纸。

如今，在小学生中越来越多的孩子不擅长应用题，个中原因众说纷纭，其中不具备“读文章，解析出题目的，写出算式”的能力，也被认为是重要的原因之一。如“5×2”和“2×5”答案虽一样，但含义却不同。

为了使孩子在进入小学后，碰到应用题也能毫不犹豫地写出算式，在生活中要制造让孩子思考“1 个人分到几个”的机会，从“1 个对应多个”的经验中，掌握乘法的思考方式。

数字概念

48 一共有几个轮胎?

完成“把各类物品，按规定的数量分给……位客人”，即“1 个对应多个”的练习后，接下来，给孩子看没有轮胎的汽车图片，让其思考需要几个轮胎。准备包括汽车（4 个轮胎）、三轮车（3 个轮胎）、自行车（2 个轮胎）这 3 种车型的图片，逐步提问孩子：“3 辆汽车，需要多少个轮胎？”“2 辆三轮车，需要多少轮胎？”“5 辆自行车，需要多少轮胎？”

这也是帮助孩子掌握“1 辆车的轮胎数量 × 几辆车”的乘法基础的一种练习。由于孩子不懂乘法，可使用彩扣等教具，如“4 个彩扣为一组（1 辆汽车所需的轮胎数），共做 3 组”，通过这样的方法，帮助孩子逐步掌握“1 个对应多个”。

数字概念

49 数字分组游戏

完成了思考汽车的轮胎数量的练习后，让孩子来试试“做袋子”的游戏吧。要求孩子思考：“在 3 个袋子中，分别放入 3 支铅笔，那么一共需要几支铅笔？”孩子能回答出该问题后，接着让其逆向思考问题：“9 支铅笔，每 3 支放入一个袋子中，一共需要多少袋子？”

最初运用了乘法“1 个所需的数量 × 几个”，求出整体的数量，即“1 个对应多个”。而第二种则运用了除法的思考方式，即把整体分成相同数量的几份，也就是“包含除”。

提到乘法和除法，两者常常被认为是学前幼儿的一大难题，但是像这样，通过移动具体实物的方法，即便不去计算，孩子也能发现正确答案。在幼儿期需要的不是操控数字，诱导孩子解出正确答案，而是要让孩子自己移动实物，找到正确答案，体验数学的基础。家长要格外注意的是，早期数学重要的是不被数字和计算所束缚。

数字概念

50 平均分配游戏

如同各位目前为止所看到的那样，通过“1 个对应多个”可进行各种提问。如“给 1 个人分多少个”这样的问题，可以说正因为是容易发生争抢玩具、零食的幼儿期，才更吸引孩子的注意。

其中，孩子非常关心的是第 38 篇（第 127 页）“平均分配一个物体的游戏”中提到的那样，公平地将一样物品以相同的数量分享给所有人。

第 39 篇（第 128 页）“平均分配被打乱顺序的物体的游戏”让孩子体验了把许多糖果分给所有人的方法。在体验了几次“1 个对应多个”后，在此基础上更进一步，让孩子试试“分给大家相同的数量”吧。

既可以在小伙伴来玩时做这个游戏，也可以在一开始时把娃娃或小动物的玩偶当成小伙伴来做游戏。

准备 15 个小零食分给 4 个人，可以拜托孩子：“好好分哟，别让大家吵起来。”于是，有的孩子会像发扑克牌似的 1 个 1 个地发，也有的姑且先抓起两三个就开始分，方法五花八门。这时有必要提醒孩子“不按相同的数量分的话，会搞混哟”。孩子越分越快，分到最后 1 人时，发现无法分出第 4 个小零食，也就是“少了 1 个”。此时可尝试反过来提问孩子：“没错，少了 1 个呢。那多了几个呢？”不明白的话，可再次提问孩子：“如果每人分 3 个，那多几个呢？”另外，如果是谨慎分发的孩子，在手上还剩下 3 个的时候，就会说：“多了 3 个！”这回可反问孩子：“没错，多了 3 个呢。如果每人分 4 个，那少了几个呢？”

像这样通过各种视角体验“1 个对应多个”，培养孩子乘除法的意识。

在“平均分配”的做法中，“把整体分为相同数量的几份”即“包含除”，相对地，“把整体等分成几份，求一份是多少”则被称为“等分除”。比如“把 12 个橘子，以相同的数量分给 3 人，1 人为多少个”就是等分除，而“把 12 个橘子，每 3 个发给 1 人，可以发给几个人”则是包含除，虽然结果相同，但单位发生了变化。像这样从幼儿时期开始，就针对极易混淆的除法进行启蒙的方法便是“1 个对应多个”的练习。

语言表达

51 故事内容记忆

第 16 篇（第 88 页）“听一听，猜猜看”中也曾介绍过，对孩子来说“听的能力”非常重要。

从幼儿期直至小学低年级左右，“孩子能否集中注意力，听别人说话”始终是饱受大人关注的事，“听的能力”是读文章进行理解，也就是阅读理解能力的基础。因此，锻炼孩子更准确地听，成了幼儿阶段不可或缺的一种练习。

那么，在生活中要如何锻炼孩子“听的能力”呢？

“听一听，记一记”是与之相关的专项练习之一。将读出来的短文记忆并加以复述，所以称之为“短文复述”。从幼儿期起就让孩子背诵《百人一首》①、俳句②、《论语》的幼儿园或幼儿教室曾一度备受关注。因此，有些人可能会觉得既然都是“短文复述”，就希望让孩子用这些古典或经典名文来练习。

但事实上，要让孩子畅通无阻地记忆且乐在其中的话，选择生活中常见的东西，或出现和自己一样的小孩子及可爱的小动物并具有亲切感的文章，以及包括语言富有节奏、读起来朗朗上口，甚至包括“谁，怎么样了”这样主谓语清晰的文章，这样学习效果更为突出。

---

① 编者注：日本的和歌集。

② 编者注：日本的一种古典短诗。

诗人谷川俊太郎[①]先生的作品，语言优美，富有韵律，涵盖拟声词，孩子也能轻松记住，享受诵读快乐，因此推荐各位试一试。

做法非常简单，要求孩子将父母朗读的短文，原封不动地复述出来即可。如果文中出现多个角色时，能正确说出彼此间的关系，对于孩子来说并不容易。

孩子习惯了以后，挑战看看稍微长一些的文章吧。此时选择一些如《小熊柯乐，今天去山里捡栗子了》[②]这样主谓语清晰且略长的文章也是不错的。

由于目的是让孩子尽可能正确地复述，因此在读的时候，要注意发音清楚，语速放慢等细节，为了便于孩子听取内容，父母的努力也不可或缺。

注意发声的方法，浅显易懂，确保心情愉快地一起练习吧。

---

① 编者注：谷川俊太郎是日本当代著名的诗人，诗作语言干净、简练、深受大家喜爱，也成为许多儿童学诗典范。在中国，也可以选择一些经典儿歌来作为儿童语言启蒙。

② 编者注：小熊会里使用的故事阅读材料。

语言表达

52 故事内容是什么？

即便能准确地听取文章，但记错了其中的内容也毫无意义。重要的是正确理解说话的内容。等孩子能做到“短文复述”后，下一步就是“理解说话的内容”。

此处的重点是“是否连小细节都能记忆并理解”。因此，选择出场角色较多，关于其中涉及的事由，既有付诸行动的人，也有并未行动的人等，便于提出各种问题的故事为佳。

无论是在读故事给孩子听的时候，还是在读完故事的时候，提出如“这个故事里，谁是好人呀”等问题，都是不错的。

在小熊教室里进行“理解说话内容”的学习时，会使用图画卡片：让孩子找出与听到的内容不一致的卡片，或将卡片上不完整的部分进行补充，根据故事的顺序重新将卡片排序，还有让孩子看着各式各样的卡片回答如“故事中最善良的人是谁”等问题。

在家庭中，由于没有卡片使用，可以要求孩子，如“回想下刚才听到的故事，试着把印象最深的地方画下来吧”，或是故意在故事的中途结束，然后提议“接下来会怎么样，你想一下，然后告诉我吧”……能想到的方法还有许多。因为在家就可做到，请快乐地一起练习吧。

不单是读故事给孩子听，想必有些人也会选择让孩子听如《桃太郎》《开花爷爷》[1] 等以前的神话故事。这种情况下，可以对孩

① 编者注：日本的民间故事。

子说："今天你来讲故事给爸爸 / 妈妈听吧。"让孩子来讲故事也是非常不错的方法。细节之处多少会发生变化，但没关系。只要故事的顺序和结局能对得上，就可判断孩子是理解了故事内容的。在此基础上，就出现的角色进行提问，如"×× 为什么要这么做呢"，以此测试孩子是否有更深的理解。

孩子都会有一些自己"情有独钟的故事"。针对这些故事，让孩子来画画也是极具效果的方法，和孩子说"把这个故事画出来吧，要让大家都看得懂哟"，尽可能要求孩子画得丰富一些，更有利于其对故事的理解。

其他：推理训练

53 寻找规律

像布料的花纹等，都是根据一定的规律，由同色或同款花纹的重复所构成的图案。学生校服上常见的格子花纹便是其中代表。

找出诸如此类的规律并加以确认，思考接下来出现的颜色或花纹，以此培养“推理能力”。

使用红、蓝、黄、绿 4 种颜色的彩扣，根据一定的规律摆放。

比如，事先依照“红→蓝→黄→红→蓝→黄→红”的顺序排列，并提问“接下来是什么颜色呢”。不要只举 1 种例子，可在旁边按“红→蓝→红→黄→红→蓝→红→黄”的顺序排列，或准备好按照“红→蓝→黄→红→绿→红→蓝→黄→红→绿”排列的彩扣，同样让孩子考虑“下一个颜色”。

要想解开这个问题，需要阶梯式的 3 种能力，即“仔细观察”“找出规律”“认真思考并推断下一个颜色”。

这是一种简单的练习，能同时锻炼观察能力和推理能力，请和孩子在游戏中实践一下吧。

完成彩扣的练习后，接下来是使用立方体进行“旋转推理”。

在小熊会，用到的是 4 面彩色的旋转积木，让孩子思考“往右转 3 次，朝上的一面是什么颜色”“这时，朝下的一面是什么颜色”“想要红色的面朝上时，要往右转几次”等问题。

与最初介绍的推测彩扣排列方式的练习有所不同，由于是立体的，往右转或往左转，出现的顺序会发生变化，所以并不容易。通过动手操作，激发孩子的好奇心，使其兴趣盎然地参与到学习中来。

在家中操作时，可使用立方体的积木，在除去上下两面的 4 个面上，各贴上不同颜色的贴纸即可实践。

从无需准备的角度上来说，使用骰子相当便捷，但由于必须回答出数字，对孩子来说是提升了难度，因此推荐充分习惯后再改用骰子。如果一开始挑战高难度的内容，容易使孩子萌发不擅长的意识，可能会就此丧失干劲。从简单的部分逐步开始，积累“我成功了”的体验的同时提升难度，目标是在日后能挑战高难度的课题！

旋转积木游戏

自然测量

54 寻找完全一致的

从 Step1 的自然测量开始，已介绍了比较大小、长度、重量的方法等内容。开始学习“算数”后，孩子便会明白所有都是米或克等“有单位的量”。但在生活中也有“无单位的量”。比如，如童话《三只熊》那样，有大、中、小三把椅子，以及有大熊、中等的熊和小熊共 3 只熊时，要判断哪把椅子适合谁，就需要“把握量，关联彼此、使其系列化”等操作。

像这样，从量多的物体开始按顺序对应的方法叫“顺对应”。虽然听起来很难，但看刚才的例子，想必各位都明白，这对孩子而言，可以说是贴近生活、浅显易懂的概念。

家中的实践，推荐父母利用实际在使用的日常物品即可。例如，拿出大小不一的 4 只袜子或 T 恤，提问：“哪件是爸爸的呢？”等孩子回答正确后，让他（她）试试看，在其中选出家庭成员各自的东西吧。除此之外，准备 5 根长短不一的皮带，给孩子看上面有 5 个肚子尺寸不同的人的图画或照片，试着提问：“哪根皮带，给谁比较好呢”等，可尝试用不同的方式去提问。

还可以特指 1 人，让孩子推测“这个人适合哪根皮带呀”，也是不错的方式。

像这样，把眼前的物体的量和其他物体的量，关联起来再思考的“顺对应”，是在日常生活中才能得到培养的一种意识。

尤其是“体形大的爸爸要给他大的碗”“大锅子要搭配大锅盖”

等，在日常家务中有许多“顺对应”。另外，可能有很多父母觉得，让孩子帮忙做家务为时尚早，但其实让孩子帮助父母，做些简单的家务，会使其得到极大的成长。帮忙做家务能给予孩子无数的体验，可配合孩子的成长情况，试着让其从一些力所能及的事情做起。

自然测量

55 数量关系之逆向思维：多就是少，少就是多

“许多”是表现量的多少的词语之一，但它并非体现了实际看得到的情况。可能在理解上稍许有些混乱，但请想象一下，最初是“杯子里有没喝完的果汁”，其中 1 杯还剩下“许多”果汁。相反，另 1 个杯子里只剩下一点点果汁。

“杯子里果汁的量”较多的，毫无疑问是前者。但是如果改变问题为“喝掉的量更多的是哪杯”，正确答案则成了后者——“只剩下一点点果汁”的那杯。

也就是以下说法成立——“还剩下许多，可以是喝掉很少，只剩下一点点，可以是喝掉许多”。这被称为“逆对应”。

解释起来可能会让人觉得十分复杂，但比如“摆在一起的盘子中，还剩下许多菜的盘子，说明菜不受欢迎，没人吃。而只剩下一点点菜的盘子，则说明菜好吃，吃了很多”……像这样，试着换成日常生活中的事，是否就能理解这其实是常见的情况。

对孩子来说也是一样，寻找身边的案例，通过实际看到和触摸，以加深理解。单靠图片让孩子去理解，是非常困难的事情吧。

下面就“逆对应”举几种身边经常碰到的情况为例子。

- 摆放几个倒有不同量的水或果汁的杯子，根据剩下的量来判断喝掉的量——“哪个杯子被喝掉了更多的量？”

Step1
Step2
Step3
Step4
Step5
Step6

• 准备各种长度的蜡烛，推测烧掉的蜡烛的长度——“烧掉最多的蜡烛是哪支？”

• 在倒有大量水的杯子和少量水的杯子里，放入同等分量的砂糖，判断哪杯更甜——“哪一杯水更甜？”

通过眼睛看得到的分量，来推断看不到的分量就是“逆对应”。让孩子观察生活中的各种案例，培养逆向思考意识。

自然测量

56 从哪个瓶子中倒出来的?

通过“分量越少的东西，越是被大量使用了”来推理并判断的方法即“逆对应”。就像先前说明的那样，只要在生活中使用实物来实践，即便是孩子也能轻松理解。

“顺对应”“逆对应”两者都是理解数学的应用题时不可或缺的知识。具有理论性的同时，仔细听他人说，并加以理解也是必不可少的，因此能使孩子的阅读理解能力和判断力得到培养，是希望从幼儿期起就着手攻克的一项课题。

理解了“逆对应”后，试着把难度稍微提高一些吧。

首先，准备 5 瓶倒有相同分量的水的塑料瓶。接下来，将瓶中的水，从量多到量少依次倒入 5 个杯子中。然后，如下页图所示，随意摆放，要求孩子思考并推断“哪个瓶子里的水，倒入了哪个杯子”。

即便是大人都会搞混，此时的情况是“从瓶子里，往杯中倒入大量的水”，也就是说，杯子里有大量的水，但瓶里的水却很少。这对于孩子来说可是相当困难的问题。

常可以看到，孩子选择了有相同关系的物品，如瓶里的水和杯子里的水都较多的一方等。

这时，父母的解释尤为重要。可以问孩子：“从瓶里往杯子里倒入很多水，瓶里的水怎么样了呢?”如果孩子能回答出“变少了”，那么，接着提问：“杯子里倒入很多水，杯子里的水会怎么

Step1 Step2 Step3 Step4 Step5 Step6

样呢?”如果孩子能回答出“变多了”，继续提问:“那么从哪个瓶子，往哪个杯子里倒了呢?”像这样，通过顺序逐一确认“逆对应”，帮助孩子理解两者间的关系，最终得出正确答案。

对孩子来说，重要的是有耐心且慢慢地教。父母们请注意，切记不可操之过急。

方位描述

57 想象物体形状并画出来

第 44 节（第 137 页）“从不同的角度画出物体”，要求从 4 个不同的角度（前、后、左、右）画出水壶，体验即使是同样的东西，根据看的角度不同，看到的形状也不同。下一个阶段则是“多个物体的位置关系”。

比如，将花瓶和娃娃放在桌上，娃娃放在花瓶的右侧。从背面看“娃娃在花瓶的左侧”，从右侧看“娃娃在花瓶的前方”，从左侧看“从花瓶的后面能看到娃娃的一部分”。

自己看得清清楚楚的“花瓶和娃娃”，但从某些角度，只能看到其后侧，甚至娃娃被彻底遮住。孩子还不能很好地理解这些情况。经常会发生从父母所在位置看，物品被遮挡，看不到，但孩子会说“不就在那里嘛！拿一下”，导致不少父母大动肝火。其原因之一，就是孩子尚未形成一种意识，即“即便自己看得到的东西，有时对方是看不到的”“推测对方看到的景象，预判对方能看到的东西，以及看不到的东西。”

把握 2 个物体间位置关系的练习，类似于第 44 节的画水壶，在桌上摆放大小、形状及颜色不同的 2 个物体，想象从前面、后面、右侧、左侧 4 个方向分别看过去的形状，并将其画出。接下来，边看着每一幅画，边向孩子提问，如“这是从哪个角度画的呀”“从爸爸/妈妈坐着的地方看过去一样的画是哪一幅呢”。另外，还可以说“和你坐着的位置相反的方向，看上去是怎样的呢？画画看吧”，要求孩子多尝试下不同的方向。

使用插着花的花瓶或插着铅笔的笔筒等左右不对称的物体，可以增加问题的难度，等孩子习惯后，可以挑战看看。

体验过了各种“四方观察”，孩子便能明白“自己能看到的东西和别人能看到的东西”的区别，养成“换位思考”的习惯。

这在人格形成方面也是极其重要的一点。

认识图形

58 做箱子

很肯定地说，理科生在小时候都做过的事情就是拆解各种东西。闹钟、计算器等，好像所有东西都可以成为拆解的对象，我认为其中包含了对科学独有的好奇心——“这是什么构造呀，好想知道！”

像这种激发科学好奇心的游戏就是“做箱子”。

与字面意思相同，组装立体图形的展开图，需要剪纸、折叠、粘上胶水，不但是充分锻炼手指灵活的细致活儿，在小熊教室里也是孩子能愉快且集中注意力去做的一项课题。

最初，推荐正方体或长方体等“箱状”的展开图，操作也较为简单。习惯后，可尝试圆锥等略微复杂的形状。

为了做出美观的箱子，展开图尤为重要。请准备内容正确并且标有“胶水涂抹处”的展开图。如果只能准备未标有“胶水涂抹处”的展开图，请在剪纸、折叠后，用胶带固定。

会做箱子后进行下一个游戏，观察下列展开图，想象并猜猜看，能组装成什么样的形状。

不仅仅是展开图，通过观察图片，推测组装后的立体图形，这对孩子来说，也是略困难的课题。准备展开图和组装完的立体图形，让孩子用手触摸，从各种角度观察，使其能将展开图和实物联系起来。

在家里做可能有些困难，可以事先准备各种形状的箱子 2 个，分解其中的 1 个，另 1 个保持原状即可。另外，牛奶盒或芝士包装盒等都可以，在日常生活中一旦发现各种形状的立方体，马上和孩子一起拆解，确认它的展开图，也是十分有趣的小游戏哟。

这些游戏，有助于培养孩子的好奇心和图形思维、理科思维，因此请务必试一试。

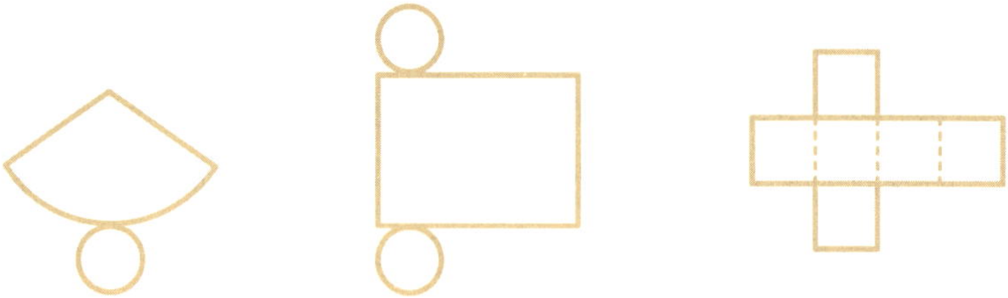

认识图形

59 折叠剪切后会变成什么样子？

彩纸折成小块，用剪刀剪下，打开后得到一个完全不同的形状，这便是剪纸。大家在准备派对或七夕节的装饰时，多少都体验过吧。剪纸不仅仅是完成后的样子，做的过程也在刺激着孩子的好奇心，简单的形状，即便是孩子也能做到。而且这也是不可多得的机会，在玩的过程中，体会小学高年级阶段要学的“线对称”的内容，请一定在生活中试试看。

只需准备彩纸和剪刀。将彩纸对折，在中间剪下。要怎么剪，可任其发挥，最初从孩子熟悉的三角形、方形、半圆形等形状开始即可。

如彩纸对折后，将中间半圆剪下并打开，彩纸中央出现了一个洞，其大小为剪下部分的 2 倍，再打开剪下的部分，会得到和彩纸中央被剪掉的部分相同的形状。首先，请家长看着剪下的部分，表扬孩子“做得很好啊”。

接下来，请提问孩子：“是怎么剪的呀？”如果孩子回答：“我剪了圆的一半，然后得到一个圆。”请先认同孩子的回答：“说得没错。”接着提出要求：“那么，这次试试看，剪一个能变成菱形的图形吧（或三角形、方形）。”

等孩子习惯后，让孩子试着剪出自己喜欢的形状吧。如娃娃、汽车等。在制作各种形状的过程中，孩子自然能理解“剪下的是完成后的图形再对折的形状”，并理解“必须是左右对称形状（对称性）才可以”。

就像刚才说明的那样，“线对称”是在小学高年级才会学到的内容，但在幼儿期就让孩子掌握这种意识，有助于他们更快地理解图形。

要想变为对孩子而言的“愉快操作”，让其自由发挥，萌发“能剪出这样的形状啊”“再试试那样的形状”等想法，愉快地进行练习尤为重要！

数字概念

60 寻找异同点

一眼看上去，哪怕是全然不同的东西，只要改变看法，就能注意到其中的共同点。另外，感觉相似的东西，也能找到些许不同点。

比较 2 个物体，找到相似的东西，构成一个组的做法叫“同类集合”（第 17 节第 89 页），相反，找出不同之处的做法称为“分类”。

那么，是否所有的东西都能分成“同类”或“非同类”？并非都如此。比较 2 个物体，分别找到它们的相同点和差异点。比如“高尔夫球和网球”，“球”是它们的相同点，但注意力放在“硬度和大小上的差异”的话，它们则是不相同的物品。同样，还有“筷子和汤勺”，从它们都是餐具上来看是同类，但如果注意力放在材质上，显然不是同类。

像这样，2 个为一组的各种物体，要求孩子试着思考它们之间的相同点和差异点。

通过“相同点和差异点”的练习，可以发现越是年幼的孩子，越是对“相同点”的判断范围非常狭隘。比如，将塑料瓶、罐子、玻璃瓶摆放在一起，要求孩子“试着找出相同的东西”，年幼的孩子甚至会出现，哪怕都是塑料瓶，但因为瓶身上的标签不一致，就无法判断它们是“同类”的情况。但随着孩子的成长，开始关注事物的特点、材质，能认为它们是“同类”，认知“同类”的范畴也在逐渐扩大。

“相同点和差异点”是在日常生活中容易进行实践的练习。比如，任意摆出 2 个物体，提问孩子“它们之间有共同点吗”。既可以和孩子一起思考，还可以将 8 个左右的物品摆成一排，指着其中的 1 个，要求孩子“找出和它相同的东西”，这也是不错的方法。

重要的是在同一组当中找出“相同点”的同时，找出它们之间的“差异点”。虽然并非都要求是能找到“相同点”的组合，但让孩子知道“各种各样的物品，都具备了相同点和差异点两个方面”，这不仅利于孩子养成“观察一个物体时，要从多角度观察”的习惯，而且也是培养孩子“接受多样性”的第一步。

数字概念

61 还差几个可以凑成“10”

“进位 / 退位”是孩子在算数上受挫的诱因之一。要想顺利解决“进位 / 退位”问题，掌握“10 的构成”意识尤为重要。能否熟练掌握“10 的构成”，关系到日后学习“进位 / 退位”时的计算速度。“10 的构成”是指在看到某个数字时，能立刻知道“它和 10 差了多少”。比如，看到数字“4”能瞬间反应“还差了 6 就是 10”，这极其重要。

掌握“10 的构成”意识，可以试试以下练习。

首先，准备盘子类的容器及 10 颗彩扣。在此基础上，提一些简单的问题，如：“有 6 颗草莓，要凑满 10 颗草莓的话，还需要几颗？”

使用彩扣，解开该问题时，要求孩子“把当作草莓的 6 颗彩扣放入盘中，再数一数手里还剩下多少彩扣”。这是最浅显易懂的解题方法。

孩子能顺利回答“和 10 还差几个”这一问题后，便可进入下一个阶段。

比如“有 10 辆自行车，其中 4 辆被骑走了，还剩下几辆呢”，也就是“从有 10 个的物体中拿走几个”，这也是非常不错的减法练习。

再比如“小花小姐有 10 支铅笔，她给了妹妹 5 支，然后妈妈又买了 3 支。请问现在小花小姐一共有几支铅笔”，像这样，以

10 为基础的数字的增减练习，也能使算数的基础得到锻炼。

顺利掌握上述内容，孩子的积极性得到提升，接下来可进行更难一些的练习。如下图所示，制作一张 3 × 3 的方格，要求是“无论是横向 3 行相加，还是纵向 3 列相加，总数都必须是 10”，思考空白部分是多少，摆放花朵彩扣表示数字。由于问题较难，因此切勿强迫孩子，是否要让孩子做做看，还是应以孩子的兴趣程度来决定。

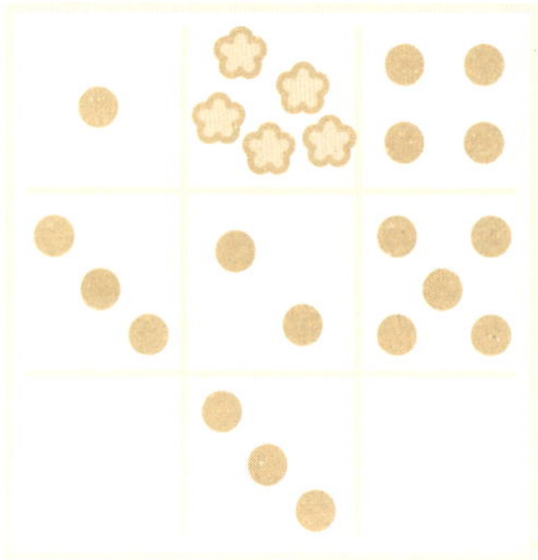

语言表达

62 反义词游戏

“大”与“小”、“长”与“短”等是经常出现在日常生活中的“正反义词”。本书在“自然测量”的内容中将“大、小”“长、短”“重、轻”等作为课题列举了出来。针对这些内容进行练习，只要孩子能理解，便能自然而然地掌握正反义词。

但是，还有一些本书尚未涉及的量的表达方式，如“宽、窄”“深、浅”等。针对这些词语，例如去公园时，对孩子说“好宽阔的公园呀！但是沙坑有点窄呢”；在泳池时，对孩子说“这里的泳池浅，但是对面大人用的泳池就很深”……日常生活中尽可能使用变化丰富的量的表达方式，与此同时，成对地使用正反义词，扩充孩子的表达力。

进行“正反义词”的练习时，仅仅记忆“大、小”“重、轻”等成对的词，远远不够。应在清楚把握文章中词的正确含义的同时，记住它的反义词。

如朗读下列文章，让孩子说出（　）部分的内容。

“大象很大，但是蚂蚁很（　）。”

“摔跤选手很重，但小宝宝很（　）。”

“新干线[①]很快，但自行车很（　）。”

① 编者注：新干线是日本的高速铁路。

另外，也可要求孩子试着说出与提问部分相反的说法。

“蚂蚁很小，但大象很（　）。”
“小宝宝很轻，但摔跤选手很（　）。”

仅仅记忆如“大、小”等成对的正反义词是毫无意义的。理解当时是怎样的情况，该如何使用，这对于掌握“正反义词”极其关键。

以游戏的方式乐在其中，父母和孩子共同完成课题，让孩子学好“正反义词”。

语言表达

63 听指令完成任务

要判断孩子是否真的认真在听别人说话，是否正确理解了内容是非常困难的。为了避免孩子养成习惯，认为只要回答“知道了”就可以了，推荐给各位“听觉练习”。

事先准备画有正方形和三角形的纸，给出略复杂的指示，要求孩子根据指示操作。如：

“把正方形分成 4 个小方形的房间，并在右上角的房间里画上 2 个红色的圆圈。”

“把三角形分成 2 个三角形，将其中 1 个涂上黄色。”

“在圆的中间尽量画 1 个大的正方形”。

“将长方形分成 4 个竖着的房间，从右往左数第 3 个涂成蓝色。”

最好是不集中注意力听就难以明白的复杂的指示。

通过听觉的练习，让孩子意识到“若不仔细听的话，可能会弄错”的同时，培养孩子的专注力。

语言表达

64 词语搭配游戏[①]

对孩子来说，要理解并用好日语助词——“て(te)·に(ni)·を(wo)·は(wa)”并非易事。仅仅拿出助词“~を(wo)”以及“~へ(he)”，向孩子说明它的含义和用法也只会越解释越复杂，孩子根本无法理解。

并不是单独将助词教给孩子，而是作为“配对的词语”教给孩子，更助于语感上的理解，并且做到快速记忆。

“太郎小朋友（　）上了电车”“妈妈（　）去买东西了”“花子小姐（　）喝了果汁”等，首先读出没有助词的文章，接着加入助词复述全文，最后让孩子说出空格处应填入的助词[②]。读故事书给孩子听的时候，可以指着故事书，要求孩子说出（　）中应填入的助词“桃太郎（　）团子（　）了小狗”[③]，以做游戏的感觉推进练习。学助词比起学语法，更应从语言习惯去使用，这才是重要的。

① 编者注：该节讲述的是日语助词的学习，强调语言学习不能割裂而教，而是在词语配对的运用中学习。在中国的语言启蒙学习中，助词的使用也非常关键，如“的”“了”的使用，以及正反义词、形容词、动词的使用，都需要在实际运用中学习。

②③ 编者注：例句是日文语法，原文缺助词。

语言表达

65 谁做了什么?

孩子不擅长写作文的理由有以下几个。首先，由于缺少经验导致“不知道该写什么”。其次，欠缺阅读能力和表达能力导致“不知该怎么写”，这是由于孩子自身的经验不足所致。

不擅长写作文的理由并非只有这些。令人感到意外的是，“不知道如何写文章”，也就是缺乏正确构成一篇文章的能力的孩子不在少数。

本书第 40 节（第 129 页）中曾介绍了“编故事”的练习。虽然都是极短的句子，但积累连词成句，完成一篇文章的经验，有助于培养孩子日后构成长文章的基础能力。

此前已介绍了分阶段完成一篇短文的方法，Step5 将根据主语和谓语的关系，练习完成一篇短文。

首先，制作一张下页图所示的表。接下来，请在竖格内填入“爸爸、妈妈、我”等主语，在横格内填入“走”“跑”“睡”“哭”等谓语。组合竖格和横格的内容构成文章。

把彩扣放在表格内的任意位置，提问孩子：“‘我’和‘睡’可以组成什么样的故事呢?” 想必孩子都会非常简单地回答：“我睡了。”此时，请继续提问：“为什么睡了呢?”然后孩子会回答：“累了，所以睡了。”接着再问：“为什么累了呢?”孩子会回答：“因为一直在玩。”此时可以提议：“那你连起来说说看吧。”于是有了“因为一直在玩，所以很累，就在房间的床上睡了”。这样一篇短文便

Step1 Step2 Step3 Step4 Step5 Step6

完成了。

像这样，不仅仅串起了主语和谓语，更是组合各种因素做出了一篇短文，通过类似经验的积累，培养孩子逐步构成文章的能力和表达能力。

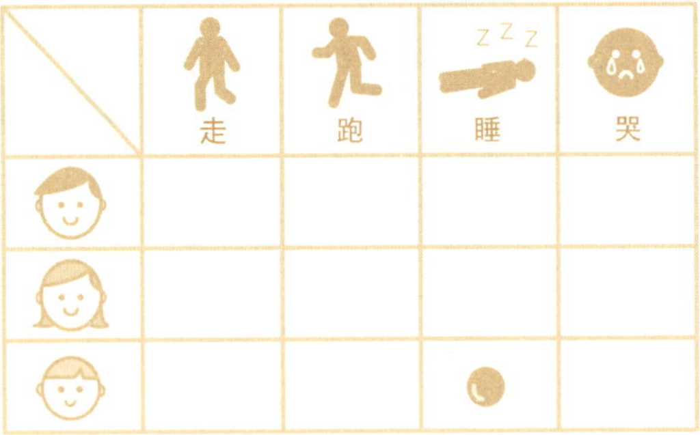

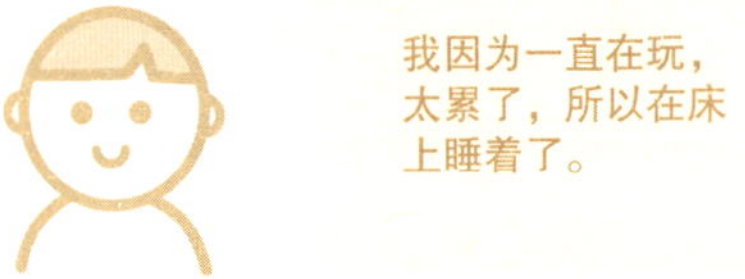

其他：推理训练

66 摩天轮游戏

要想掌握第 53 节（第 153 页）中实践过的思考方式“旋转推理”，就请各位试一试“摩天轮”的方法。

给孩子看下页摩天轮的图案，提出以下问题。

小兔子要去小老鼠在的地方，那么小老鼠会跑到现在哪个小动物在的地方呢？

小兔子要去小老鼠在的地方，那么哪个小动物会跑到现在小兔子在的地方呢？

摩天轮按一个方向旋转，坐在摩天轮上的小动物的顺序不会发生变化，只要在正确把握这 2 个条件的基础上，理解问题中“小兔子要去小老鼠在的地方”的含义是在问它移动了几个位置。也即当所有的动物都朝着同一方向，以相同的位置数量在移动时，小老鼠移动了几个，到达了哪个位置。

综合考虑并做出判断，对于孩子来说是极其困难的事。特别是第二个问题，摩天轮往右转，但要想得出答案就必须往左数。这也是引起混乱的源头。

为了避免混乱，让孩子实际操作是不可缺少的。如果没有摩天轮小玩具，也可使用轮盘类的物品代替。最初让孩子仔细观察摩天轮（或转盘）转动的样子。随后，让孩子看到“摩天轮一旦转动，上面坐着的动物也会一起转动”“摩天轮上的小动物们是全体一起转动的”。接着，要求其思考最初的问题：“小兔子要去小老鼠在的地方，那么小老鼠会跑到现在哪个小动物在的地方呢？”试着重复几次，使孩子理解“坐在摩天轮上的动物们是全体一起转动的”，也就是说，“小兔子移动了 2 个位置，小老鼠也会移动 2 个位置”。

能正确理解后，思考第二个问题：“哪个小动物会跑到现在小兔子的地方呢？”要解开这个问题，在理解了“小兔子移动了 1 个位置，其他动物也会移动 1 个位置”的同时，还必须理解“下一个转过来的动物，现在是在小兔子的身后”。紧接着找到“身后的动物”时，如果能理解需从与摩天轮的转动方向相反的方向进行数数，就能顺利解开这个问题了。

自然测量

67 4 个、5 个物体的重量比较

第 43 篇（第 135 页）“使用跷跷板比较”提到了将 3 个物体根据重量进行排序。

使用跷跷板对 2 个以上的物体进行比重的同时，让孩子理解当有 3 个物体时，便产生了“重的、中等的、轻的”“大的、中等的、小的”等三者关系。这也是使用跷跷板来进行练习的最主要的目的。

运用这个知识，让我们试着解答一下四者关系、五者关系吧。

调查方法和三者关系相同。首先任意的 2 个物体进行比较重量，然后将其中较重的 1 个和剩下的物体中的任意 1 个物体进行比较，最初比较重量的 2 个物体中，较轻的物体再和剩下的 1 个进行比较。（参照下页图）像这样重复几次使用跷跷板，便可对 4 个物体的重量进行排序。

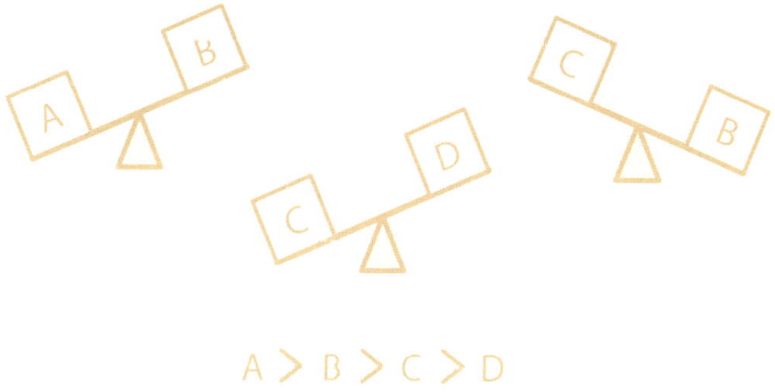

像这样，多次使用跷跷板，只要以“总是寻找最重的物品”为基准，无论数量有多少，都可以根据重量的顺序进行排序。

话虽如此，但需要比较的物体的数量越多越容易引起孩子的混乱，当孩子不知所云时，再次回到 3 个物体的比较，重新开始练习尤其重要。

由于是复杂的练习，仅仅通过图片或插画等画在纸张上的内容，就希望孩子能理解，不得不说十分强人所难。通过自己操作跷跷板（天平秤也可以），让其明白“哪个更重”，比任何解释说明都重要。希望父母意识到一点，纸上练习需在孩子实际动手操作并理解了之后再进行。

孩子对于排序方法的表达形式是“第 1 重的、第 2 重的、第 3 重的、第 4 重的”，但到了 5 个物体间的关系时，便成了“第 1 重的、第 2 重的……第 5 重的”，在父母看来，极其不自然。想必会有父母要求孩子把第 3 重的叫作“中等的”，那么就变成了“第 1 重的、第 2 重的、中等的、第 2 轻的、第 1 轻的”。但这对孩子来说是引起混乱的源头。听到的要求是“根据重量进行排列”的话，“第 1 重的、第 2 重的……第 5 重的”就是正确的答案。

自然测量

68 让重量相等

使用跷跷板能做的事情不只有“比较重量”。调查 2 个物体的重量是否相同，在不同重量的物体上叠加其他物体，使它们之间的重量相同。这称作“重量的平衡”。

使用跷跷板实践“重量的平衡”，需准备几个“相同重量的物体”。最理想的是外观大小相同，但重量不相同的物体，没有的话可收集一些小盒子（火柴盒大小），盒内放入橡皮泥调节重量，分别准备“相同的重量”“一半的重量”“六分之一的重量”即可。甚至，用不同颜色区分不同重量的小箱子，更便于向孩子解释说明。

首先，将相同重量的物体放在跷跷板上，让孩子看到跷跷板处于保持平衡的状态，在和孩子确认“跷跷板不翘起来＝相同重量”的基础上，教会其这就是“保持平衡”。

接下来，在跷跷板的一边放置 2 个一半重量的物体，再次给孩子看“保持平衡”的状态，并思考其中的道理。

孩子理解了“2 个一半重的物体等于 1 个原始重量的物体”后，使用各种不同重量的物体加以组合，体验什么是“重量的平衡”。

作为参考，下面将介绍关于巧用砝码的问题。把“重量 1”看作 A，“二分之一重量”看作 B，“六分之一重量”看作 C。（参看下页图）

- 1 个 A 和 2 个 B 可保持平衡，1 个 B 和 3 个 C 也可保持平衡，那么 1 个 A 和几个 C 能保持平衡呢？

- 要和 3 个 B 保持平衡的话，A 和 C 各需要几个呢？

“重量的平衡”与理解乘除法的基础密切相关。由于准备的物体的重量不精确，就无法保证重量的平衡，因此在本书中介绍的各种练习里，属于准备较为麻烦的类别，但也是能最大程度刺激孩子好奇心的一种实验。

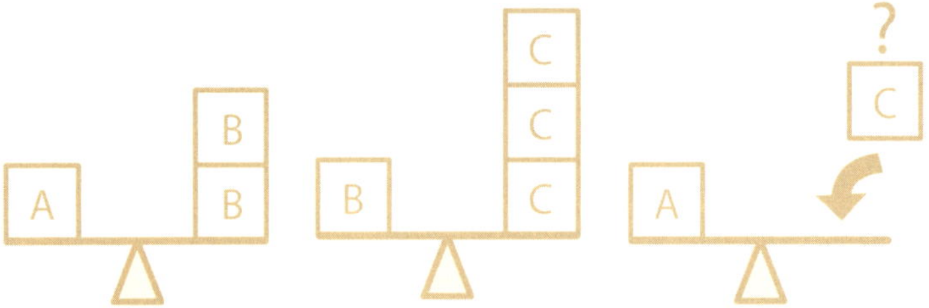

方位描述

69 按照提示能走到吗?

问不擅长看地图的人不懂地图的原因，答案往往是“左右都分不清”。一旦在地图上移动的视角与看地图的本人视角呈相反的状态，就会产生左右关系的混乱，这也是为什么会连左右都分不清了。

幼儿期就开展从自身所在的位置改变视角，并在此基础上正确把握左右关系的练习吧。

首先使用 7×7 的方格，进行根据指示移动的练习。准备彩扣，向孩子下达指示“请把彩扣放在从上往下数第 3 个，从右往左数第 4 个的位置”，定下基准位置。随后下达指示“基准点往下数 2 个，往左数 3 个”“往上数 1 个，往右数 2 个，往下数 3 个”等，要求孩子根据指示移动彩扣的位置。

这不仅要求“在把握自身位置的基础上，正确移动彩扣”，还要求“认真听取指示的内容，正确记忆，根据指示的内容移动”，因此也具有培养记忆力的效果。

接下来，使用如下页图所示的地图，根据指示内容移动。这里也是一样的，需先确定作为基准点的起始位置。

接着逐一下达指示“笔直走”“第一个交叉路口右拐”“下一个交叉路口左拐”。地图上的移动，由于“地图上移动的视角和看着地图的自身视角”是不同的，容易混淆左右关系。一开始就能不迟疑地前进非常困难，所以在尚未习惯时，可以做只利用 1 个交叉路口，从它的 4 个方向进入后再拐弯的练习。

练习地图上的移动时，可以使用玩具车或娃娃等物品，实际在图上移动，有利于孩子理解“视角的变化”。习惯后可不再使用玩具车，而用彩色铅笔，画出抵达终点的路线。另外，如果孩子对“下一个交叉路口右拐，再下一个交叉路口左拐”等指示方法感到困惑、不理解的话，可在地图上画上邮局或家、树木等图标，当孩子不明白的时候，加以“在小兔子的家那里哟”这样的提示，更便于孩子理解。

认识图形

70 重叠起来会变成什么形状?

此前也反复提到“圆形、三角形、正方形、长方形、菱形”是基础图形。

把喜欢的图形画在透明薄纸上并重合，就可得到一个具有各自图形特征的新的形状。这便是“重叠图形”。

比如，圆形中有一个方形，方形中有一个三角形等，思考原来的图形是什么，或将几个图形重叠做出图案，这些对孩子来说十分新奇，是一项寓教于乐的练习。

首先，一边对孩子说“方形中有一个圆形”，一边将方形和圆形重叠后的图形（下图 A）以及方形和菱形重叠后的图形（下图 B）画给孩子看。接着提问：“这 2 个图形重叠后，会得到什么图形呢?”孩子会在脑海里将 2 个图形重叠，并将想象的图形画在纸上。

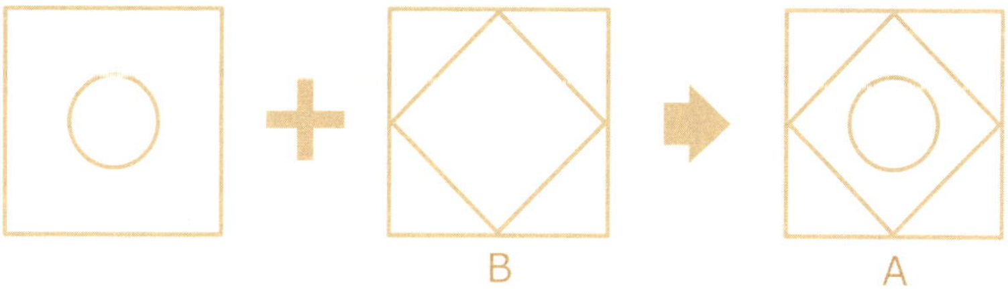

相反，也可以让孩子观察“重叠图形”，提问：“这个是由什么图形和什么图形组成的呢?”

可以的话，准备实际画有正方形或正三角形、圆形等各种图形的透明薄纸，将其重叠后给孩子看，更易于理解，相信孩子也能乐在其中。

重叠图形的数量一旦增加 3 个或 4 个，难度也随之上升，推荐等到孩子能顺利解出 2 个图形的重叠后再进行挑战。

另外，这样的形状也常被运用到商店或企业的注册商标、各国的国旗等地方。在生活中养成习惯，一旦发现了重叠图形，就提问孩子："这是什么和什么图形组成的呀？"

制作或分解重叠图形，需要把握图形的特征，并在脑海中正确描绘出图形的能力。其次，画出预想的图形，也是一种正确表述图形的练习。

在多次反复练习重叠图形的过程中，孩子不仅对图形变得更为擅长，想象力也更加丰富，因此请让孩子尝试更多的图形练习吧。

认识图形

71 折叠剪裁，手工制作

“折叠剪切后会变成什么样子？”第 59 篇（第 165 页）将彩纸对折，再剪出自己喜欢的形状，让孩子体验彩纸打开后会变成什么形状。在该练习中，剪纸会成什么样的图形，在彩纸打开前无法得知，因此孩子往往会发出一种新奇的惊叹——“哇！变成了这种形状啊”！

基于当前的发展，接下来让孩子尝试逆向练习——“设想完成图，剪下折好的彩纸”。

比如，给孩子看正三角形的图片，要求孩子“折一下再剪一下，做出和这个三角形一样的图形”。也可使用花瓶或郁金香等身边常见的形状。

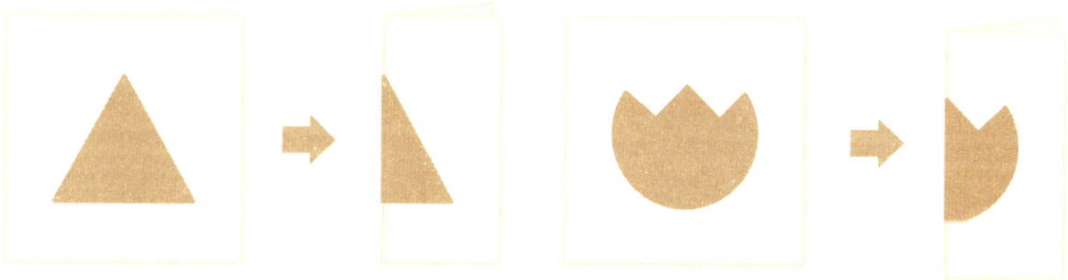

剪下折成一半的彩纸，完成想要的形状，要想孩子能做到这一点，多次重复体验第 59 节“折一下再剪一下，得到 2 个相同的形状”的练习非常重要。

同时，将完成图在画纸上画得很大，并在中央放上镜子，让孩子体验“在图形中央放上镜子，‘形状’便能跃然而出”，也是不错的方法。

对折后完美重合的图形，也就是“线对齐”的图形，我们称之为“对称图形”。这是开始图形的学习后，首次碰到便极易出现混乱，令人不知所云的内容。

但在幼儿期就通过游戏预先学习的话，在实际体验到时，孩子便能联想到“彩纸折一半再剪下，就是那个游戏”。另外，如果孩子尝试过在各种图画的中心线放置镜子来玩耍，那么“线对称”的问题对于这个孩子来说，就会变成贴近生活的简单问题。

像这样，幼儿期的经验如同是孩子在步入学校，正式展开学习前的播种行为。尽可能使其积累更多的经验，打下一个在面对学习时不会迷惘的好基础。

数字概念

72 数量的增减，最后有多少

步入小学后“数字”的练习将会进入“1+1=2”的计算公式的世界。本书中的“数字”练习是孩子自己动手移动彩扣，增减数字，达到中心目的——掌握加减法的基础。最终能更靠近加减法的学习。

在幼儿期，应达到公式计算“3+4 是多少”的前一阶段。这个时期不应教孩子解开算式的方法，而应以要求孩子听取内容，在脑中处理出现的数字，使其思考为主要目的。

该阶段不再是单纯提问孩子“苹果有 2 个，妈妈又买了 3 个，那么一共有几个”这种类似“2+3”的简单的加法问题，而是稍复杂的内容。

“公交车上有 5 位乘客。下一站上来了 2 位乘客。但再下一站又有 3 位乘客下车了。那么，此时公交车上一共有多少位乘客？”

像这样，让孩子听混合了加减法的问题，并在脑海中模拟数字的增减。

话虽如此，最初要在脑内模拟数字并不容易，必然会有出现混乱的情况。此时，可以将彩扣看作是“公交车上的乘客”，在盘中放上 5 颗彩扣。随后根据“上来了 2 位乘客”要求孩子添补 2 颗彩扣，“3 位乘客下车了”则是从盘子里拿走 3 颗，并在此基础上提问“现在还有几颗”。

如上所述，一开始就使用实物，让其重复操作，等孩子对“数的增减”不再困惑了，便建议“接下来，不依靠任何东西来试试看吧”。如果孩子显得困惑，可再多提一句“试着在脑中移动彩扣看看”。

像这样，在脑中操作模拟的数字进行增减，不仅为加减法打下基础，也是一种心算的练习。

制造一些如“5 个零食吃掉 3 个，又拿到了 4 个”等容易让孩子想象且贴近生活的内容，也是推进理解的关键。

数字概念

73 骰子游戏

骰子是玩具，同时也是学习“数字”的常见教具。

提到用骰子学习数字，大多数人都会想到用 2 个骰子做加法，但在此之前希望各位尝试的练习是某个数字“和 7 还差了多少”的问题，也就是“7 的构成”。

骰子的规则就是最上面的数字和它相反的一面相加一定等于 7。利用这个规则，掷出骰子得到数字，再给孩子看相反一面的数字，随后提问：“加起来是多少？”无论用哪个数字尝试，答案都等于“7”，这发现足以让孩子觉得惊奇。

习惯了“7 的构成”后，再次掷出骰子得到数字，提问孩子“和 10 还差了多少”，开始“10 的构成”。

等孩子做到上述内容后，掷出 2 个骰子，提问：“加起来是多少？”“两个数字间差了多少？”……尝试展开各种数字的练习吧。

Step1 Step2 Step3 Step4 Step5 Step6

数字概念

74 数字隧道游戏

孩子习惯了数字的增减后，试一试“钻隧道”的加减法游戏吧。

将○、△、□、◇看作“隧道”，让孩子想象“数字从此处穿过”，并给每条隧道设置规则。

- 穿过○隧道 +1
- 穿过△隧道 +2
- 穿过□隧道 −1
- 穿过◇隧道 −2

在理解上述规则的基础上，掷出骰子得到数字，要求孩子思考，数字在穿过隧道后变成了多少？

一开始，如“3 穿过了△的隧道”，也就是 1 个隧道即可，习惯以后可要求孩子思考“○→◇→△→□”等，穿过了几个相连接的隧道后，数字变成了多少？

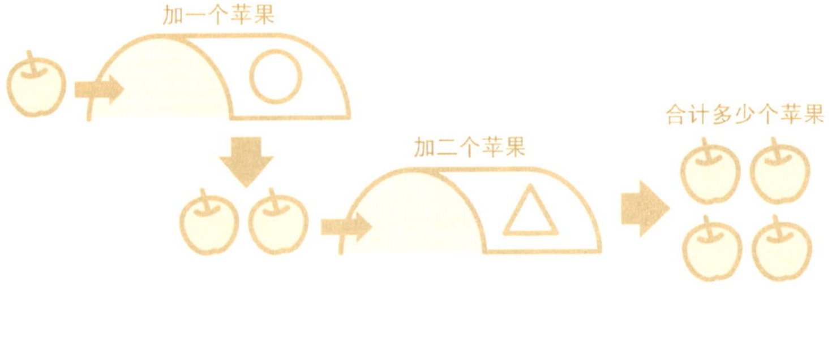

语言表达

75 听故事绘画

本书中多次提及，在幼儿期“听的能力”和“说的能力”是母语学习的基础。

在小熊教室里，作为语言练习的最终阶段，要求把“会话和图片”相结合。从多张图片中选出与听到的内容相一致的图片，或将符合起承转合的 4 张图片，或依照故事的顺序重新排序，或从图片中选出与故事不符的地方并画上 ×，或补足不完整的地方等，方法多种多样。

由于是“用画表达听到的内容”，最终要画出听到的故事的一个场景，还要求孩子看着自己的图画，复述故事。这不仅需要认真听取内容，并正确理解的能力，还考验孩子记忆故事的细节以及复述的能力、完成画图后进行表述的能力，是一项非常困难的练习。

家庭内做这项练习时，使用故事书或图片和孩子一起试试“编故事”也很不错，可以使用没有文字的绘本，也可以使用描绘了生活中的一个场景、人或动物正在做什么的图片，和孩子一起“挑战编故事”也是很好的方法。

另外，听完故事后提问：“你喜欢故事的哪些地方？试着画下来看看？”以此鼓励孩子试着画下来的方法也是值得推荐的。

看图片编故事，或是画出听到的故事中印象最深刻的一个场景，也就是“把故事画下来”的方式，有助于激发孩子的想象力，提高创造力，是在家中也可以做的简单练习，希望各位能积极引入生活中。但在过程中，千万不要对着孩子的画说出“不对”！“没有这个场景吧”等具有否定意义的话。当孩子的画中出现了故事中没有的场景，或没有登场的人物及动物时，一定有其缘由。可以试着提问孩子：“这个小朋友没有出现在故事中，他是谁呀？在这里做什么呢？”孩子可能会回答“这个孩子是主人公的朋友，因为主人公很开心的样子，就想和他一起玩”等，在孩子的心中有他自己的全新的故事展开。“编故事”或“把故事画下来”也是挖掘出孩子身上令人意想不到的创造力的机会，父母也可以因此察觉到隐藏于孩子身上的温柔性格，相信这令人意外的一面，一定能带给父母喜悦。也请通过这个游戏，再次感受育儿的乐趣吧。

专栏

体验与动词

培养丰富的表现力

在语言的学习中，父母经常会下意识要求孩子记忆“更多的物体名称（名词）”。但是，即便知道了大量的名词，在表达心情、想法，或正确说明情况时所需的表达能力，未必就能得到锻炼。

想要培养丰富的表达能力，不可或缺的是“形容词”“动词”和“副词”。

“名词”可以通过童话书或看电视的方式来记忆，但是就像没“游”过，就不会理解游泳这个词的含义一样，“动词”不亲自体验就无法真正掌握。同样没有体验过各种心情也无法理解“形容词”和“副词”。

不是“坐公交”，而是“坐新的公交”才会令人感到期待；不是“走吧”，而是“慢慢走吧”才让人安心。

如上所述，通过身体或内心的感受获取的词汇是永远不会被遗忘的。因此为了让孩子能通过身体和内心收获词汇，在幼儿期去体验各种感受是非常重要的。

第5章

幼儿教育需要全家齐心协力

一个人是无法养育孩子的。同样教育孩子单靠一个人也是不行的。

何谓幼儿教育

幼儿教育的本质是通过有意识地引导孩子，为不断发展中的智力添砖加瓦，指明方向。

提到幼儿教育、早期教育这些词，你会联想到什么？想必大多数人的回答都是“应试”。很多人认为只有要参加小学入学考试的家庭才有必要让年幼的孩子学习，除此以外的孩子并不需要学习，在进入小学之前，孩子还是要有孩子的样子，让其愉快地玩耍即可。

但是幼儿教育绝不单单是为了小学入学考试而存在的。是为了让孩子拥有与其年龄相符的思考方式，为了更好地生活打下基础，同时也是为了培养适应小学的集体生活、遵守规章制度、掌握听课并理解知识的能力。

就像从一开始什么都不会的新生儿到终于能走能跑，孩子每天都踩着属于自己的小阶梯，一点一滴成长起来。

智力也是一样的。想必许多父母都会感慨万分吧。和最初只会通过哭的方式来表达自己想法的时期相比，孩子渐渐会用语言表达自己的心情、会数玩具和糖果的数量，变得越来越聪明了。孩子的智力即便无法清楚看到，但确实每天都在成长。可以这么说，幼儿教育的本质是通过有意识地引导孩子，为不断发展中的智力添砖加瓦，指明方向。

例如常常可以看到孩子把积木或小汽车并排放着玩耍。此时即便父母只是有意识地和孩子搭话，如“按照不同颜色，给它们找找小伙伴怎么样”“5 个一组分成几列看看”“叠在一起会变成什么形状呢”“试试看做成这种形状”……简单的游戏就会摇身变成“分类”“数字”“图形”等各种练习。毫无疑问仅仅是上述内容就足以称得上是十分优秀的幼儿教育了。

提到“教育”很多人都会不由自主地摆出认真的架势。甚至固执地认为不让孩子参加名师辅导班，不购买好的教材就谈不上教育，或是专门设置“学习时间”，只有那个时间不再是平日里温柔的爸爸妈妈，变身为严格的老师，彻底贯彻教育。

在刚才的例子里我也明确提到了，让孩子变聪明的练习中非常重要的一点是通过日常生活中的点点滴滴，父母有意识地对孩子进行引导，让孩子多多尝试。

关键是父母对幼儿教育要持有正确的观念并有意识地去引导。这才称得上是提升孩子思维的首要秘诀。

教育需要全体家庭成员的通力合作

一个人是无法养育孩子的。同样教育孩子单靠一个人也是不行的。

就像本书中介绍的那样，所谓幼儿教育并非全都需要特殊的教科书或教具，家庭内可以做到的事情有很多。但是父母有意识地引导孩子是极其重要的，不是孩子一个人可以做到的。幼儿教育的关键是家庭、父母。话虽如此，切勿忘记父母过于热衷教育只会适得其反。

之前也多次提到，年幼的孩子其发育是分阶段性的，突然就会什么了，是极其少见的现象。也就是说，在教孩子的时候，孩子突然不懂了做不到了，其实也证明了孩子并没有很好地理解上一阶段的学习。此时有必要返回到孩子已经理解了的地方，重新学习，直至完全理解了，再稳步迈入下一阶段。

但此时，父母常会以一种类似责备的口吻和孩子说："为什么不会了呢？""不是之前才做过嘛？"最终变为对孩子的苛责："又得重学一遍。"如果孩子对于这样的态度非常敏感，出现畏手畏脚、明明还不理解却装作懂了的样子等，结果就百害而无一利。严重的话会使孩子在面对很小的事情时也表现得战战兢兢、经常看大人的脸色行事、突然变得歇斯底里等，甚至有些孩子出现了非常严重的后果。一旦发生这些情况，早已不再是幼儿教育的问题了。

为了避免酿成大错，最重要的是不要意气用事。但并没有嘴上说得那么简单。尤其是和孩子长时间相处的妈妈，非常容易热衷过头而意气用事。这个时候父亲的存在就显得尤为可靠。安抚易冲动的情绪，及时修正错误方向的正是父亲。其次带着孩子外出，在大自然的环境中尽情玩耍，想必也是父亲更适合吧。

分居生活等家庭实际情况，导致父亲不能协助母亲的时候，则需要其他家庭成员的力量。当母亲对孩子的态度过于冲动时，和祖父母或亲戚聊聊，后者把孩子带到外面走走，不仅有益于母亲，给到孩子的影响也是不容小觑的。

一个人是无法养育孩子的。同样教育孩子单靠一个人也是不行的。幼儿教育需要全家齐心协力通力合作，才能更好地开花结果。

培养小朋友的生存能力

首先是理解他人的心情，然后在此基础上将自己的心情表达给对方，能做到这两点是非常重要的。

近几年“生存能力”一词被用于各种场合。虽然如此频繁地使用，可一旦提问“什么是生存能力”，能马上给出明确答案的人却少之又少。

倘若进一步把这个问题上升到“孩子的生存能力”时，要给出答案更是难上加难。

由于还是孩子，尚不考虑经济能力，要求孩子能自己做到与其年龄相符的事情，也就是拥有一颗独立的心还是有必要的。尤其是小的时候，父母常常会替孩子包办了所有的事情。当孩子步入了凡事想强调“我自己来”的时期时，尽可能放手让他去做，哪怕是饭前帮忙端盘子等简单的事情，也有必要让孩子参与其中，帮父母做些家务。

能培养孩子生存能力的不限于家庭。可以说在幼儿园或公园，在每天处理自己和一起玩耍的小伙伴的关系当中，孩子能学到更多，这些都将转化为生存能力。

首先是理解他人的心情，然后在此基础上将自己的心情表达给对方，能做到这两点是非常重要的。无视小伙伴的心情，过于强调自己的主张，结果不是被朋友敬而远之，就是被自我意识过剩的小伙伴耍得团团转，对其听之任之。年龄虽小，可孩子的人际关系并不简单。

特别是在少子化的时代，既不会让哥哥姐姐受委屈，也没有忍受弟弟妹妹的经验，很多孩子都深信任何事情都是可以随心所欲去做的。此时若出现的和自己唱反调的朋友，简直可以称得上是孩子人生的首个试炼。但是，只有跨越这样的试炼，才能把名为沟通力的强大的生存武器握在手中。

从父母的立场来说也是如此。特别是独生子女的父母，还未习惯孩子之间会因为一件小事吵架。在公园或幼儿园，一旦自家孩子和小伙伴发生冲突，被弄哭了，有些父母甚至会坐立不安。心情虽然可以理解，但此时千万不能介入孩子间的关系。当然了，如果眼看着马上要受伤了，就另当别论了。除此以外，请把这些当作是“孩子在碰撞中学习人际关系”，安静地在一旁守候是非常重要的。

父母的过度介入，会导致孩子的生存能力始终无法萌芽。片刻的忍耐是父母的职责。

学做一个智慧妈妈

> 不被他人的意见左右，但也并非固执己见。

父母是孩子进入小学前最好的老师，家是最好的课堂。如今的时代，父母双方都有工作是再正常不过的事情了，抽不出时间陪伴孩子也成了家常便饭。

但是因为“工作忙，没时间”，就把孩子的教育全权交给补习班或幼儿教室，是否有些不妥当呢？

父母双方都有工作，孩子不得不每天在托儿所待到 18 点，在这样的生活中，可能无法做到每天都能边吃着小点心边把零食分成数份和人分享，或从 4 个方向画出放在桌上的水壶等练习。

但是回家后，父母可以一边准备晚餐，一边和孩子做数字的练习，如“这里有 10 个，给爸爸 4 个，剩下的你和妈妈一人一半吧”，还可以一起洗澡的时候做“自然测量”的练习，如“往 3 个杯子里倒入相同多的热水吧”。哪怕无法做到这种程度，至少睡前的读故事可以办到吧。到了周末还可以全家一起接触大自然。

不要干脆地认为“因为做不到，所以才交给专业人士”，难道不应该先思考一下，自己能做到的最好的方法是什么，然后付诸行动。

一提到“智慧妈妈”，每个人心中浮现的形象大不相同。可能有人会联想到对孩子寸步不离进行指导，如同优秀的家庭教师般的妈妈，还有些人可能认为是高学历且具有社会地位，为了给孩子提供最棒的教育，不惜花费重金的女强人型妈妈。

可最重要的难道不应该是不被他人的意见左右，但也并非固执己见，具有吸收好的意见的灵活性，同时对于自己力所能及的事情可以毫不犹豫贯彻到底的妈妈吗?

面对当下信息过剩的时代，类似于“这个方法能让孩子快速成长”的信息充斥大街小巷。但是我们不能一再被其左右。为什么这么说?因为这些信息如实折射出父母们的压力——“再不行动起来，我家的孩子就要落后于人了”。

因为是不可取代的自家宝贝，无论听到怎样的言语煽动，承受着何种压力，一旦和家人共同思考，决定了“我家的方针”就不再动摇。这个不才是真正的“智慧妈妈”的形象吗?

后　记

如今这个时代，有多少人敢说“养儿容易”呢？

在医疗以及地方政府的支持下，各项制度日益完善，我们的生活也便利起来。和过去相比可以说“养儿相对容易了”。

但另一方面，由于少子化导致小朋友的数量减少，左邻右舍没有能一起玩耍的小朋友。小家庭化的趋势日益明显，上一辈的育儿妙招也无法得到传承，例如有些妈妈不得不采取寸步不离的育儿方式等，现如今出现了各种在过去闻所未闻的育儿问题。各种“养儿难”的现实问题也逐一浮出水面。

在这种状况下，仍有不少父母想着“好好培养孩子”“为了望子成龙，要尽力而为”，真是可怜天下父母心。对于这些父母的想法，我由衷地表达敬意。

好像看穿了这些父母的心态，社会上充斥着各种资讯，它们无一例外都打着“为了小朋友好”的口号。

这其中大部分都是和小朋友的教育息息相关，如“在小朋友进入小学前需……”“在小朋友步入幼儿园前……”，好像稍微迟了一步就会酿成不可挽回的后果，这样的说辞不绝于耳，这也刺激着父母迫不及待地让小朋友接触文化课的学习。相信不少父母都会对此感到不安。于是不分青红皂白地购买了一堆“网上课程”或“教材”回家。

在本书的开头已有介绍，我常年从事幼儿教育。在这过程当中，我感受最深的两点是：第一，虽然小朋友的成长速度各不相同，但最终同样都会成长起来。第二，要想培养小朋友的思维能力，就要在生活中多体验，这是学习的前提。

从这层意义上来说，作为培养小朋友能力的基础教育，并非需要特殊的方法或者特殊的教学工具，而应该是扎根于生活的学习。

培养小朋友的机会就存在于我们的生活当中，关键在于周围的大人如何进行引导。

我已将如何培养聪明孩子的秘诀全都写在了本书当中。请各位在每天的生活中，在每次与小朋友的交流和玩耍时，都按照我的建议操作起来。

要想提高小朋友的思维能力，一定要注意的一点就是“挑战稍微有难度的问题”。简单的题目小朋友马上就会腻烦。反之如果是连续面对怎么努力都解决不了的问题，也会使小朋友失去动力。最好是稍微有点难度，但是只要踮起脚尖，伸出手就一定可以够到。

这个平衡点不容易把握，就要靠各位父母了。

稍微提高些难度，发现小朋友做不到的话再略微降低难度，在循序渐进的过程中一点点提升小朋友的能力。

这种循环往复的过程也正是小朋友的成长过程。

希望读过此书以后，各位父母能够信心十足地成为孩子成长的好帮手，这是最令我感到欣喜的事情。

最后我衷心祝愿各位父母能培养出能够独立思考、独立行动的小朋友。

久野泰可

知识的寿命很短，思维的寿命最长

（出版后记）

华东师范大学校长钱旭红院士有一句很著名的话：“知识的寿命很短，思维的寿命最长。”钱校长的这句话使我想起了美国好莱坞的著名电影《教父》，里面有一句很有名的话：“用一秒钟就可以看透事物本质的人和用一辈子也看不透事物本质的人，是两种截然不同的命运。”

现在全世界都意识到幼儿教育的重要性，倾注了很多的热情。为什么现在大家对幼儿教育如此重视呢？苏联教育家马卡连柯说过：“教育的基础主要是5岁以前奠定的，它占整个教育过程的90%。”这个时期投入越多，将来孩子才会发展得越好，这就是人们关注幼儿发展的原因。孩子5岁之前接受的教育会影响其一生。现在的世界已经进入人工智能时代，孩子们除知识之外，还应具备沟通的能力、经受挫折的能力、解决问题的能力等等。

我在日本留学8年，曾在被称为“日本智库”的三菱综合研究所任职多年，并于1995年回国投资创立了“朝日日语”教育集团。在教育培训行业经历二十余年后，我深刻感受到，一个人的成功和思维习惯及早期的教育密切相关。一个非常偶然的机会，我接触到日本著名的早教品牌小熊会（KOGUMAKAI），这个学校以培养儿童思维能力而闻名日本乃至亚洲。久野泰可先生是小熊会创始人，他在近50年的教学实践中专注于儿童思维能力的培养，研发的久野教学法被亚洲很多精英家庭推崇，认为是非常适合3—6岁孩子学习的思维启蒙方法。

在日本，小熊会的会员名额非常紧俏，甚至有些家庭在孩子刚满一岁时就开始预约久野老师的课堂。为什么大家都如此推崇久野教学法呢？这是因为在久野泰可培养的数十万名孩子中，思维能力都有显著的提升，不但顺利度过幼小衔接，养成良好的学习习惯，而且通过跟踪小熊会员的成长，发现大部分会员之后都升入了国内外的重点大学。而小熊会的知名教材“儿童思维训练365天”系列也在日本思维训练类图书中销售排名第一，被称为“日本幼小衔接宝典”。

为什么小熊会拥有这么多傲人佳绩呢？这源于久野教学法的三大教育理念：

第一，学前基础教育思考方法。久野先生强调绝对不能把小学课程提前下放到幼儿园，不是什么都越早越好，而应该培养孩子在进行语文、数学等学科学习之前的各种能力，比如观察、想象、思考能力等。

第二，事物教育的思考方法。现在的日本、欧美等发达国家的小学倾向于采用比较先进的实物教学体系，提倡孩子先通过实物摸索、了解原理，然后自己总结，再针对理论进行学习，这种学习法对培养孩子的自主学习能力非常重要。

第三，对话教育的思考方法。语言表达是孩子成长的翅膀。从与孩子的对话中，我们会发现，孩子的语言能力在1—6岁阶段急速提升。如何在语言发展的敏感期事半功倍地提升孩子的表达力、逻辑力？拥有一套系统科学的学习方法必不可少。

美国、加拿大等国家的名校挑选学生时考试分数只是参考标准之一，学生的综合能力分值占比更高。比如，重要的一点是有无参与戏剧节目及参与公益活动的经历等，在这些活动当中表现出来的与人交流沟通的能力、组织能力、分析能力、领导能力、思考能力是怎样的，这都是哈佛大学、哥伦比亚大学、普林斯顿大学、耶鲁大学等常春藤名校选择学生的重要条件。

思维力就是学习力，在未来社会中，我们的孩子拥有善于学习、善于思考、善于解决问题的能力是其安身立命的基础。

基于此，我于2017年创办东方小熊，希望向中国广大的家长、老师介绍久野教学法，并策划引进出版了久野泰可的系列作品，如被称为“日本幼小衔接宝典”的“儿童思维训练365天”系列、“久野教学法特训百分百”系列，以及久野泰可的经典理论著作《3岁开始的思维力培养》《聪明育儿的75种方法》等等，从实际操作到课程理论完整地呈现在读者面前，希望这一套极富价值并经时间检验极其有效的教育方法走进中国千万家庭，为孩子筑造智慧童年。

魏海波

译后记

学前教育指的是针对0—6岁儿童所开展的教育，0—6岁这一阶段是人生智力发展的最佳时机，同时也是提高儿童智力的黄金阶段。在这一时期，采取科学的教学方法和教材对于儿童智力的培养和儿童未来的发展具有举足轻重的作用。然而，对于大多数家长而言，社会上的培训机构如过江之鲫，书店里的幼儿教材若汗牛充栋，幼教培训机构的教育方法五花八门，各式网络课程让人眼花缭乱！如何洞若观火地做出抉择？如何有的放矢地开展学前教育？如何事半功倍地提高教学效果？对于初为人父、初为人母的家长而言，这些问题几乎成了难以回答的“天问”。

2018年7月，魏海波先生联系我，即将与广西师范大学出版社联合引进日本著名幼儿教育专家久野泰可先生系列著作，希望我参加这一系列丛书的翻译工作。这让从事大学教育十余年的我有点“受宠若惊”，又有点“诚惶诚恐”。久野泰可先生是享誉亚洲的儿童思维教育大师，他所创办的日本幼儿教育实践研究所在日本几乎家喻户晓，他所研发的久野教学法更是蜚声海内外。然而，我顾虑的是，作为家长，我从事幼儿教育的个人体验具有普适性吗？带着这份疑惑和沉甸甸的责任，我和团队成员开始了为期2年多近40万字的翻译工作。

所谓翻译，无非是带着脚镣跳舞的工作。久野先生这套系列丛书的翻译更是如此，如何在兼顾“信、达、雅”的同时，又能用儿童简明易懂的语言讲述复杂的数理知识和逻辑思维？如何在吸收国外教育理念亮点的同时，又能春风化雨、润物无声地融入中国的优秀文化传统和人文精神？如何在保留原作风姿的前提下，又能创造出译著的风采？这些问题都是异常凶猛的拦路虎。经过近两年的翻译、斟酌和反复修改，我们于2019年推出久野教学法的经典著作“儿童思维训练365天”系列。

为了帮助读者系统地了解久野教学法的教学理念和教学方法，以便能更好、更科学地指导自己的孩子，我又接过了这本集久野泰可先生近40年幼儿教育实践所撰写的《聪明育儿的75种方法》翻译工作，历时2年，终于面世。本书详细阐述了久野老师通过实践总结出来的75种育儿方法，不但是提升孩子智力的有效手段，也是促进家庭正确教养观的指南。希望通过对久野先生这75种方法的学习，各位父母能够学有所思，各位小朋友能够学有所得。

最后，感谢东方小熊教学研究院魏海波先生的引荐，感谢广大读者朋友一如既往的支持。我们将心有所信，逐梦追光！

谨以为记！

杨本明